研究性学习：
构建·实施与创新探索

尹子龙 ◎ 著

吉林出版集团股份有限公司
全国百佳图书出版单位

图书在版编目（CIP）数据

研究性学习：构建·实施与创新探索 / 尹子龙著.
长春：吉林出版集团股份有限公司，2024.6. -- ISBN
978-7-5731-5360-9

Ⅰ．G420

中国国家版本馆CIP数据核字第2024V3F757号

YANJIUXING XUEXI：GOUJIAN·SHISHI YU CHUANGXIN TANSUO

研究性学习：构建·实施与创新探索

著　　者	尹子龙
责任编辑	田　璐
装帧设计	朱秋丽
出　　版	吉林出版集团股份有限公司
发　　行	吉林出版集团青少年书刊发行有限公司
地　　址	吉林省长春市福祉大路5788号（130118）
电　　话	0431-81629808
印　　刷	北京昌联印刷有限公司
版　　次	2024年6月第1版
印　　次	2024年6月第1次印刷
开　　本	787 mm×1092 mm　1/16
印　　张	10
字　　数	213千字
书　　号	ISBN 978-7-5731-5360-9
定　　价	76.00元

版权所有·翻印必究

前　言

在知识经济蓬勃发展的今天，教育不再仅仅是知识的传递，更是能力的培养与思维的启迪。研究性学习作为一种全新的学习方式，正在逐渐改变传统的教育模式，为培养学生的创新精神和实践能力提供有力的支持。本研究旨在深入探讨研究性学习的构建、实施与创新探索，以期为教育改革与发展提供有益的参考。

研究性学习是一种以学生为中心、以问题为导向、注重实践与探究的学习方式。它鼓励学生通过自主选题、独立研究、团队协作等方式，主动探索知识、发现问题、解决问题，从而培养学生的批判性思维、创新思维和实践能力。与传统的接受式学习相比，研究性学习更加注重学生的主体性和参与性，更加符合现代教育的要求和社会发展的需要。

然而，研究性学习的实施并非易事。它需要教育者转变教育观念，改变教学方式，同时也需要学生调整学习状态，适应新的学习方式。在这个过程中，如何构建有效的研究性学习模式，如何实施科学的研究性学习方案，如何创新研究性学习的方式方法，都是我们需要深入研究和探索的问题。

研究性学习不仅仅是一种学习方式，更是一种教育理念和教育实践。它要求我们重新审视教育的本质和目的，关注学生的全面发展和个性成长，注重培养学生的创新精神和实践能力。我们需要将研究性学习融入整个教育体系中，使之成为教育改革的重要组成部分。我们希望通过本研究，能够为推动教育改革、提升教育质量、培养创新人才做出积极的贡献。

目 录

第一章 研究性学习导论 ... 1
- 第一节 研究性学习的定义与背景 ... 1
- 第二节 研究性学习的重要性和价值 ... 4
- 第三节 研究性学习与传统学习的区别 ... 7
- 第四节 研究性学习的发展历程 ... 10

第二章 研究性学习理论基础 ... 15
- 第一节 建构主义与研究性学习 ... 15
- 第二节 社会文化理论与研究性学习 ... 18
- 第三节 学习社群理论与研究性学习 ... 21
- 第四节 认知心理学与研究性学习 ... 25
- 第五节 学习动机理论与研究性学习 ... 28
- 第六节 情感认知理论与研究性学习 ... 31
- 第七节 情境学习理论与研究性学习 ... 33

第三章 研究性学习环境构建 ... 38
- 第一节 创设积极的学习氛围 ... 38
- 第二节 建设研究性学习的场所与资源 ... 42
- 第三节 利用技术手段促进研究性学习 ... 47
- 第四节 学科整合与跨学科学习 ... 50

第四章 研究性学习程序与方法 ... 54
- 第一节 信息检索与文献综述 ... 54
- 第二节 提出问题与解决问题 ... 59
- 第三节 数据收集与分析 ... 62
- 第四节 学术写作与表达能力 ... 68

第五章 研究性学习评价与反馈 ... 72
- 第一节 评价研究性学习的多维度方法 ... 72

第二节　制定合理的评价标准与体系 75
　　第三节　学生自评与互评的实施 79
　　第四节　利用技术手段进行学业评估 82

第六章　研究性学习课程开发与实施 89
　　第一节　研究性学习课程目标与设计 89
　　第二节　研究性学习的教学策略与方法 93
　　第三节　研究性学习中的跨学科合作与资源整合 97
　　第四节　社会参与与实践经验在研究性学习中的应用 100

第七章　研究性学习与创新能力培养 104
　　第一节　创新能力解析 104
　　第二节　研究性学习与创新能力的关系 107
　　第三节　培养创新能力的教学策略 110
　　第四节　研究性学习与社会创新 113

第八章　各科学领域中的研究性学习 117
　　第一节　自然科学领域中的研究性学习 117
　　第二节　社会科学领域中的研究性学习 120
　　第三节　人文科学中的研究性学习 123
　　第四节　工程与技术科学的研究性学习 125

第九章　数字化时代下的研究性学习 129
　　第一节　移动学习与研究性学习 129
　　第二节　在线合作与虚拟研究群体 134
　　第三节　大数据与研究性学习 139
　　第四节　虚拟实境与研究性学习 144
　　第五节　人工智能与智能辅助学习 149

参考文献 153

第一章 研究性学习导论

第一节 研究性学习的定义与背景

一、研究性学习的定义

（一）研究性学习的概念

研究性学习是一种以主动探究、发现和解决问题为核心的学习模式，强调学生在学习过程中的自主性思维、批判性思维和创造性思维的培养。这种学习模式不是简单地接受和记忆知识，而是通过深入的思考、探索和实践培养学生的独立思考能力和解决问题能力。

研究性学习强调学生的主动性。相比传统的教学模式，研究性学习更加注重学生自主选择学习的内容和方式。学生不再被动接收知识，而是通过自己的兴趣和需求去探索和学习，从而激发了他们的学习兴趣和动力。这种主动性的学习过程使得学生更加积极地投入学习，提高了学习效率和成绩。

研究性学习注重培养学生的批判性思维。在研究性学习中，学生需要不断分析、评价和批判所学知识，从而形成自己的观点和见解。他们不再盲目地接受所给的信息，而是通过深入的思考和讨论，理解知识的内涵和逻辑，从而提高他们对知识的理解深度和广度。这种批判性思维的培养不仅有助于学生更好地理解所学知识，还能够提高他们的分析和解决问题的能力。

研究性学习鼓励学生进行创造性思维。这种创造性思维的培养不仅有助于学生更好地理解和运用所学知识，还能够培养他们的创新能力和创造力。通过研究性学习，学生能够逐渐成为具有创造性思维的人才，为社会的发展和进步做出贡献。

（二）研究性学习的核心特征

研究性学习是一种深度学习方法，其核心特征在于学习者可以通过自主探究和独立思考，积极地参与知识的发现、解释和创造过程。这种学习模式不仅仅是传统教育的延伸，更是一种能够培养学生批判性思维和解决问题能力的教育理念。以下将详细探讨研究性学习的核心特征。

研究性学习强调学习者的主动性和参与性。在这种学习模式下，学生不再是被动接受知识的接收者，而是积极参与知识的探索和建构。这种主动性的学习过程激发了学生的学习兴趣和动力，促使他们更深层次地理解所学内容。

研究性学习注重问题导向的学习。学生在学习过程中往往通过提出问题来驱动自己的思考和行动。这些问题可以是开放性的，需要学生进行调查和研究以获取答案；也可以是具体的，需要学生运用所学知识和技能来解决。

研究性学习强调跨学科和综合性。学生在实践中往往需要运用多学科的知识和技能来解决复杂的问题。这种跨学科的学习模式有助于学生更全面地理解问题的本质，并培养他们的综合分析能力。同时，研究性学习也鼓励学生将所学的知识应用到实际生活中，从而促进理论与实践的结合，培养学生的应用能力。

二、研究性学习的发展背景

（一）国内教育改革的背景

国内教育改革的背景源自中国社会经济转型和国家发展战略的需要。随着中国经济的腾飞和社会结构的转变，教育体系也需要调整以适应新的发展需求。教育改革已成为政府和社会各界高度关注的议题，其中研究性学习的发展备受瞩目。

全球化和知识经济的崛起是推动国内教育改革的重要背景。随着信息技术的飞速发展和全球经济的日益一体化，中国逐渐意识到传统的教育模式已经跟不上时代的步伐。面对激烈的国际竞争，培养具有创新能力、实践能力和解决问题能力的人才成为当务之急。研究性学习作为一种积极探究知识的学习方式，能够培养学生的创新精神和解决问题能力，因此受到了广泛的关注。

教育不平等问题的日益突出也促使教育改革朝着更加公平和包容的方向发展。在城乡、地区，以及不同社会阶层之间存在着巨大的教育资源差距和机会的不平等。为了实现教育资源的均衡配置和人人享有公平教育的目标，中国开始探索更加灵活多样的教育教学方式，研究性学习应运而生，因其注重学生自主探究和实践能力的培养，被视为一种有效的促进教育公平的手段。

教育理念的转变也为研究性学习的发展提供了土壤。传统的教育注重灌输式的知识传授和应试，而现代教育更加注重培养学生的综合素养和创新能力。在这样的背景下，研究性学习作为一种贯穿于整个学习过程的教育方式，有助于培养学生的批判性思维、创新精神和团队合作能力，与现代教育理念相契合，因此备受青睐。

科技进步和信息化技术的广泛应用也为研究性学习提供了前所未有的支持。互联网、人工智能等技术的发展使获取知识和分享知识变得更加便捷，学生可以通过网络资源获取更多的信息和学习资源，同时也能够更加方便地展开研究性学习活动。教育部门和学校也纷纷借助信息技术手段，推动研究性学习在课堂教学中的应用，从而促进教育教学模式的创新和改革。

（二）教育部门对研究性学习的政策支持与倡导

研究性学习在当今教育领域备受关注，其重要性得到了越来越多的认可与支持。教育部门在政策层面积极地支持与倡导研究性学习，这一政策措施的实施对于促进学生的全面发展和提高教育质量具有重要意义。为了深入理解研究性学习的发展背景，有必要从其起源、发展历程以及对教育的积极影响等方面进行探讨。

研究性学习的发展背景可以追溯到对传统教育模式的反思与挑战。传统教育往往注重教师的灌输式教学，学生则被动接受知识，缺乏主动探究和实践的机会。然而，随着社会的发展和科技的进步，人们对于教育的需求也发生了转变。狭义的知识传授已经无法满足学生的需求，他们需要培养批判性思维、创新能力和解决问题的能力。研究性学习应运而生，成了应对传统教育模式局限性的一种有效方式。

研究性学习的发展得到了教育理论和实践的支持。在教育理论方面，著名学者如杜威、皮亚杰等提出了许多关于学生主动参与学习、建构知识的理论，为研究性学习的理论基础奠定了坚实的基础。同时，教育实践中的一些成功案例也证明了研究性学习对于学生学习动机的激发和学习效果的提升具有积极的影响。这些理论与实践的结合为研究性学习的推广提供了理论支持和实践经验。

研究性学习的发展也得益于社会对于人才培养的需求。随着知识经济和创新型社会的到来，人才的需求发生了巨大的变化。传统的教育模式往往难以培养出符合现代社会需求的复合型人才，而研究性学习能够更好地培养学生的创新精神、团队合作能力和解决问题能力，使他们能更适应未来社会的发展需求。社会对于研究性学习的需求也成了推动其发展的重要因素之一。

教育部门在政策层面的支持与倡导也为研究性学习的发展提供重要保障。各级教育主管部门相继出台了一系列文件和政策文件，明确提出要推动研究性学习的实施。例如，国家课程改革要求强调学生的主体地位，鼓励学生通过开展研究性学习来提高综合素质。同时，教育部门还加大了对学校教师的培训力度，提升其组织和指导研究性学习的能力，从而推动了研究性学习在学校中的广泛开展。

第二节　研究性学习的重要性和价值

一、研究性学习的重要性

（一）培养探索精神

培养探索精神是研究性学习中的一项重要任务，这种精神是指学生对于未知领域的好奇心、勇于探索的态度以及解决问题的能力。研究性学习通过提供自主性的学习环境和激发学生的学习兴趣，为培养探索精神提供了理想的平台。在这种学习模式下，学生被鼓励去主动探索和发现知识，培养了他们的好奇心和求知欲，从而激发了他们的探索精神。

研究性学习为学生提供了自主性的学习环境，从而激发了他们的探索欲望。这种自主性的学习环境为学生提供了广阔的探索空间，激发了他们对未知领域的好奇心和求知欲。

研究性学习强调学生的解决问题能力，从而培养了他们的探索精神。通过不断地解决问题和克服挑战，学生不仅能够提高自己的解决问题能力，还能够培养自己的探索精神，敢于面对未知和挑战。

研究性学习注重学生的实践性学习，为培养探索精神提供了理想的平台。在研究性学习中，学生不仅仅是学习知识，还需要通过实践活动来巩固和应用所学知识。这种实践性学习不仅有助于学生更好地理解和掌握知识，还能够培养他们的观察能力、思考能力和动手能力。通过实践活动，学生能够更加深入地了解知识，并且积累解决问题的经验，从而培养他们的探索精神和解决问题的能力。

（二）加深对知识的理解

研究性学习能够激发学生的学习兴趣和提升学生的学习动力。而通过研究性学习，学生可以根据自己的兴趣和需求选择研究课题，自主探究和解决问题。这种主动性的学习过程激发了学生对知识的好奇心和探索欲望，使他们更愿意投入学习，从而加深了对知识的理解。

研究性学习注重问题导向的学习。学生在学习过程中往往通过提出问题来驱动自己思考和行动。这些问题可以是开放性的，需要学生进行调查和研究以获取答案；也可以是具体的，需要学生运用所学知识和技能来解决。这种问题导向的学习模式有助于学生从实际问题出发，深入理解知识的本质和内在联系，从而更加深入地掌握所学内容。

研究性学习强调跨学科和综合性。在现实生活和工作中，很少有问题是单一学科的知识可以解决的，往往需要运用多学科的知识和技能来解决。研究性学习通过跨学科的学习模式，使学生从多个角度去思考和分析问题，拓宽了他们的知识视野，加深了他们对知识的理解。

研究性学习注重合作与交流。在解决复杂问题的过程中，往往需要多人合作，共同分享信息、交流想法、协商解决方案。通过合作与交流，学生可以从不同的角度去理解和分析问题，从而加深对知识的理解。

二、研究性学习的价值

（一）推动学术进步

研究性学习作为一种积极、主动的学习方式，对推动学术进步具有重要的价值。在当今知识经济和科技创新的背景下，研究性学习不仅有助于培养学生的创新思维和解决问题的能力，还能够促进学术界的发展和进步。

研究性学习培养了学生的批判性思维和创新精神，这对于学术进步至关重要。通过参与研究性学习，学生不再是被动接受知识，而是主动参与知识的生产和创造。他们需要深入探究问题，分析现象，提出假设，并寻找解决方案。这种主动探究的过程激发了学生的思维活力，培养了他们的创新意识和能力，为学术界注入了新鲜的思想和观点。

研究性学习促进了学生与学术界的互动与交流，为学术进步提供了新的思路和方法。在研究性学习过程中，学生往往需要与老师、同学以及外界专家进行密切的合作与交流。通过与他人的合作和交流，学生可以借鉴他人的经验和观点，拓展自己的思路和认知。同时，学生的研究成果也可以为学术界提供新的研究视角和方法，激发学者对问题的深入思考，推动学术领域的发展。

研究性学习培养了学生的自主学习能力和团队合作精神，这有助于学术界的人才培养和团队合作。在研究性学习的过程中，学生需要自主制订学习计划，收集和整理相关资料，分析和解决问题。这种自主学习的能力不仅使学生能够独立思考和解决问题，还激发了他们的学习兴趣和动力。同时，研究性学习也强调团队合作和协作能力，在团队中学生需要相互配合，共同完成研究任务。这种团队合作的精神不仅有助于学生互相学习和交流，还培养了他们的沟通能力和团队协作意识，为未来的学术研究和创新奠定了良好的基础。

（二）职业发展

研究性学习在职业发展中扮演着重要的角色，其价值体现在多个方面。从个人发展到职业成就，研究性学习都能够为职场人士带来深远的影响。

1. 培养创新能力

研究性学习是培养创新能力的一种重要途径，它通过提供自主性的学习环境、激发学生的学习兴趣和培养解决问题的能力，为学生创新能力的培养提供了理想的平台。创新能力是指学生在面对新问题和挑战时能够提出新的观点、方法和解决方案的能力。在研究性学习中，学生不仅仅是被动地接收知识，还需要通过自己的思考和实践来发现新的问题、提出新的观点和解决方案，从而培养他们的创新能力。

研究性学习为学生提供了自主性的学习环境，激发了他们的创新潜能。在传统的教学模式下，学生往往只是被动地接受老师传授的知识，缺乏主动性和积极性。而在研究性学习中，学生可以根据自己的兴趣和需求选择学习的内容和方式，自主地制订学习计划和目标，从而更加积极地投入学习。这种自主性的学习环境为学生提供了广阔的创新空间，激发了他们的创新潜能，使他们更加愿意去探索和尝试新的想法和方法。

研究性学习强调学生的解决问题能力，从而培养了他们的创新思维。在研究性学习中，学生不仅仅是被动地接受知识，还需要通过解决问题和探索实践来构建和应用知识。这种解决问题的过程不仅要求学生具备批判性思维和创造性思维，还需要他们具备勇于挑战和克服困难的精神。通过不断解决问题和克服困难，学生不仅能够提高自己的解决问题能力，还能够培养自己的创新思维，敢于尝试和探索新的想法和方法。

研究性学习注重学生的实践性学习，为培养创新能力提供了理想的平台。在研究性学习中，学生不仅仅是被动地接受知识，还需要通过实践活动来巩固和应用所学知识。通过实践活动，学生能够更加深入地了解知识，并且积累解决问题的经验，从而培养他们的创新能力。

2. 增加就业竞争力

研究性学习培养了学生的自主学习能力和创新思维，这对于适应不断变化的职场环境至关重要。在研究性学习中，学生需要自主探索和解决问题，这锻炼了他们独立思考和自主学习的能力。在职场上，面对各种复杂的问题和挑战，拥有自主学习能力的员工能够更好地适应并解决问题，从而更具竞争力。

研究性学习培养了学生的批判性思维和分析能力，这是许多雇主所看重的品质。在研究性学习中，学生需要对问题进行深入的分析和思考，评估不同的解决方案，并做出正确的决策。这种批判性思维和分析能力在职场上能够帮助员工更好地理解和解决问题，为企业的发展提供有益的建议和方案，因而受到雇主的青睐。

研究性学习注重跨学科和综合性，这有助于学生在职场上应对复杂、多变的工作需求。在研究性学习中，学生往往需要运用多学科的知识和技能来解决问题，这培养了他们的跨学科综合能力。在职场上，许多工作需要员工具备跨学科的综合能力，能够综合运用不同领域的知识和技能解决实际问题，因此拥有研究性学习经验的员工更受雇主欢迎。

研究性学习强调合作与交流，这有助于培养学生的团队合作和沟通能力。在研究性学习中，学生通常需要与同伴合作，共同解决问题、分享信息、交流想法。这种合作与交流的经验使学生能够有效地与团队成员沟通合作，共同完成任务和项目。在职场上，团队合作和沟通能力是十分重要的品质，拥有这些能力的员工能够更好地融入团队，提高工作效率，因而更具竞争力。

研究性学习强调反思和评估，这有助于学生不断提升自己的学习和工作能力。在研究性学习中，学生需要对自己的学习过程和成果进行反思和评估，发现自己的不足并不断改进。这种反思和评估的能力在职场上同样非常重要，能够帮助员工不断提升自己的工作能力，适应职业发展的需求，因而受到雇主的认可。

第三节　研究性学习与传统学习的区别

一、研究性学习与传统学习学习方式的区别

（一）研究性学习强调学习者的主动性和问题导向

研究性学习与传统学习方式存在明显的区别，主要体现在学习者的角色定位、学习过程和学习目标等方面。与传统的学习方式相比，研究性学习强调学习者的主动性和问题导向，更加注重学生的参与和探究，具有更大的灵活性和创新性。

研究性学习强调学习者的主动性，与传统学习方式中的被动接受相对立。而在研究性学习中，学生处于主导地位，他们根据自己的兴趣和需求主动选择研究课题，制订学习计划，收集和整理相关资料，进行实地调研和实验，最终完成研究报告或项目。

研究性学习强调问题导向，与传统学习方式中的知识导向有所不同。在传统学习中，教师往往侧重于传授知识，学生需要通过吸收和记忆大量的信息来完成作业和考试。而在研究性学习中，学生的学习过程是以问题为导向的，学生需要围绕一个具体的问题或主题展开研究，通过调查、观察、实验等方式获取信息，并针对问题提出自己的见解和解决方案。这种问题导向的学习方式培养了学生的批判性思维和解决问题的能力，使他们不仅能够掌握知识，还能够灵活运用知识解决实际的问题。

研究性学习注重学习过程的探究和发现，与传统学习方式中的结果导向有所不同。在传统学习中，学生往往只关注学习的结果，即完成作业或通过考试。而在研究性学习中，学生更加关注学习过程，他们通过实践和实验来探究问题，不断发现和解决问题的过程成为他们学习的重要部分。这种学习过程的探究和发现不仅加深了学生对知识的理解，还培养了他们的创新意识和实践能力。

（二）传统学习更加注重教师的指导和课程设置

传统学习和研究性学习在学习目标上存在着明显的差异。传统学习往往以知识传授和考试成绩为主要目标，教师在课堂上向学生传授知识，并通过考试对学生进行评价。而研究性学习则更注重培养学生的批判性思维、创新能力和解决问题能力，其学习目标

更加注重学生的综合素质和能力培养，而不仅仅是单纯的知识掌握和考试成绩。

传统学习和研究性学习在学习过程上也有所不同。在传统学习中，教师往往起着主导和指导的作用，课堂上以教师讲授为主，学生被动地接受知识。课程设置和学习内容也主要由教师决定，学生的学习活动受到较大限制。而在研究性学习中，学生扮演着更为主动的角色，他们通过自主学习和探究来获取知识，教师则更像是学习的引导者和指导者。学生有更多的自由来选择学习内容和研究方向，课堂活动更加多样化和灵活，学生参与度更高。

传统学习和研究性学习在学习结果上也有所不同。在传统学习中，学生的学习成果主要通过考试成绩来评价，强调对知识的掌握和记忆。而在研究性学习中，学生的学习成果更多地体现在他们的实际能力和创新能力上，更加注重学生的思维方式和解决问题的能力。研究性学习能够培养学生的综合素质和能力，使其在未来的学习和工作中更加成功。

二、研究性学习与传统学习目标导向的区别

（一）研究性学习是培养探究能力和解决问题的能力

研究性学习与传统学习目标导向在培养探究的能力和解决问题的能力方面存在着显著的差异。传统学习往往注重的是知识的传授和应试能力的培养，而研究性学习更加注重学生的主动性、批判性思维和创造性思维的培养，在解决实际问题的过程中促进学生的自主学习和深度思考。

传统学习目标导向往往注重的是知识的传授和应试能力的培养。在传统的教学模式下，教师通常是知识的传授者，学生则是被动接受知识的接收者。教学的主要目标是帮助学生掌握所需的知识和技能，以便能够应对考试和评估。传统学习往往以教师制定的教学目标为导向，注重学生对知识点的记忆和理解程度，强调考试成绩和评估结果。

相比之下，研究性学习更加注重学生的主动性和批判性思维。在研究性学习中，学生不再是被动接受知识的接收者，而是积极参与知识的建构和创新。他们需要通过自己的探索和实践，发现问题、提出假设、进行实验和分析数据，从而形成自己的观点和见解。这种主动性的学习过程有助于培养学生的探究能力和解决问题的能力，使他们能够更好地适应未来社会的发展和变化。

传统学习目标导向往往强调标准化的教学和评估。在传统的教学模式下，教学往往以教科书和课程标准为基础，教师会根据教学大纲和考试要求进行教学内容的选择和安排，学生需要按照教师的要求去学习和完成作业，以期望实现标准化的学习目标。而在评估方面，传统的考试和测验往往更注重学生对知识的记忆和应用能力，评估的结果主要用于学生的成绩和学业水平的评定。

与之相反，研究性学习更加注重个性化的教学和评估。在研究性学习中，教学往往

以学生的兴趣和需求为出发点，教师会根据学生的实际情况和学习能力进行个性化的教学设计和指导，以激发学生的学习兴趣和动力。评估方面也更加注重学生的实际能力和表现，教师会通过项目作业、实验报告、口头展示等方式对学生的学习过程和成果进行评价，以了解学生的实际水平和学习效果。

传统学习目标导向往往忽视了学生的创造性思维和实践能力的培养。在传统的教学模式下，学生往往只是被动接受老师传授的知识，并且重复应用所学知识。而在研究性学习中，学生需要通过自己的思考和实践来发现新的问题、提出新的观点和解决方案，从而培养了他们的创新能力和实践能力。这种创新性的学习过程不仅有助于学生更好地理解和掌握知识，还能够激发他们的创造性思维，培养他们的创新精神。

（二）传统学习的核心目标在于传授知识和培养基本技能

传统学习的核心目标在于传授知识和培养基本技能。在传统学习中，教师通常扮演着知识的传递者和技能的引导者的角色，通过课堂讲授、教科书阅读和作业布置等方式向学生传授知识，并指导他们掌握基本的学科技能。这种学习模式强调学生对知识的被动接受和学习，注重的是对基础知识和基本技能的掌握和应用。其目标是帮助学生掌握学科的基本概念和原理，为其打下坚实的学科基础。

研究性学习的核心目标在于培养学生的批判性思维、解决问题能力和创新能力。在研究性学习中，学生扮演着主动学习者的角色，通过自主探究、解决问题和实践活动来构建知识、发展技能。教师不再是知识的单一来源，而是成为学生学习过程的指导者和支持者，鼓励学生提出问题、开展调查研究、分析数据，并通过不断的实践和反思来深化对知识的理解。这种学习模式强调学生的主动参与和自主探究，注重培养学生的批判性思维和创新能力。其目标是通过解决实际问题和开展研究项目，培养学生的综合能力和创新精神，使他们能够应对复杂、多变的社会和职业需求。

传统学习强调知识的传授和技能的培养，注重的是学生对已有知识和技能的掌握和应用。教师通常通过教科书、讲义和演示等方式向学生传授知识，并通过练习和作业来巩固和应用所学内容。这种学习模式偏重于教师的指导和控制，学生在学习过程中缺乏独立思考和创造性活动的机会。传统学习往往局限于表层的知识和技能，难以培养学生的创新能力和批判性思维。

相反，研究性学习强调学生的主动参与和自主探究，注重的是学生的独立思考和创造性活动。学生在学习过程中往往通过提出问题、收集信息、分析数据，并通过实践和反思来深化对知识的理解。这种学习模式激发了学生的学习兴趣和动力，促使他们更深层次地理解所学内容，并培养了他们的批判性思维和解决问题能力。研究性学习能够更好地满足当今社会和职业对于创新人才的需求，增强学生的竞争力和适应力。

传统学习注重课程内容的覆盖和考核成绩的评价，教师往往通过考试和作业来检验学生对知识和技能的掌握程度。而研究性学习注重学生的实践和项目经验，更注重学生的学习过程和能力发展。教师通常通过项目评估、实践报告和反思日志等方式来评价学生的学习成绩和能力提升，注重的是学生的综合能力和创新精神。研究性学习更加关注学生的全面发展和个性化学习，有助于培养学生的创新能力和领导力，提高他们的竞争力和职业发展潜力。

第四节 研究性学习的发展历程

一、研究性学习的起源与初期阶段

（一）19世纪末至20世纪初早期实践

19世纪末至20世纪初早期，研究性学习的起源与初期阶段是教育领域的一场革命性变革，它标志着教育理念由传统的灌输式教学向注重学生主动参与和探究转变。这段时期，欧美国家的教育界掀起了一股新的教育运动，试图打破传统的教学模式，为学生提供更为丰富和积极的学习体验。

研究性学习的起源可追溯至19世纪末，当时教育领域出现了一些重要的教育思想家和教育改革者，他们对传统的教育模式提出了疑问，并试图寻找一种更为符合现代社会需求的教学方法。其中，德国教育学家弗里德里希·威廉·弗洛贝尔被认为是研究性学习的先驱者之一。弗洛贝尔提倡通过实践和体验来促进学生的学习，他强调学习应该是一个自由而活跃的过程，而不是简单地灌输知识。他创建了一种名为"活动教学"的教学方法，鼓励学生通过亲身实践和探究来获取知识，这为后来的研究性学习奠定了基础。

同时，美国教育界也出现了一股新的教育运动，被称为"进步主义教育运动"。这一运动的代表人物包括约翰·杜威和威廉·詹姆斯等，他们提倡教育应该关注学生的实际需求和兴趣，强调学生的自主性和主动性。杜威提出了"体验学习"的理念，认为学习应该是基于学生的经验和活动，而不是简单地传授知识。这种注重学生参与和体验的教学方法，为研究性学习的发展提供了重要的思想支持。

在研究性学习的初期阶段，虽然已经出现了一些先驱性的理论和实践，但这一教育方法在当时并没有得到认可和推广。19世纪末至20世纪初期，教育界仍然受传统的灌输式教学模式所束缚，学生则被动地接受知识，教师扮演着绝对的权威角色。研究性学习在当时面临着诸多挑战和困难。

然而，随着社会的不断发展和教育理念的不断更新，研究性学习逐渐受到了更多教育家和学者的关注。20世纪初期，一些教育实践者开始尝试将研究性学习引入学校教育中，开展一些试点项目。他们通过组织学生进行实地考察、开展科学实验等活动，鼓励学生积极探究和发现知识，培养学生的独立思考和创新能力。这些实践经验为研究性学习的进一步发展积累了宝贵的经验和教训，也为后来的教育改革提供了重要的参考。

（二）教育理论的演进

教育理论的演进是教育领域中一个长期且复杂的过程，它反映了社会、文化、科技和教育实践的发展与变化。在教育理论的演进过程中，研究性学习作为一种重要的教育理念和实践逐渐崭露头角，其起源与初期阶段对于理解研究性学习的本质和意义具有重要意义。

研究性学习的起源可以追溯到19世纪末。在这一时期，人们开始对传统的教育模式进行反思，认识到传统的灌输式教学模式往往限制了学生的发展和创造力。一些教育家开始尝试探索一种更加开放、灵活和符合学生发展需求的教学方式，从而促进学生的主动学习和自主发展。这种教育理念的提出为研究性学习的兴起奠定了基础。

20世纪50年代至60年代，研究性学习逐渐成为教育领域的热门话题。在这一时期，以杜威、皮亚杰等教育理论家为代表的人们开始提出了一系列关于学生主体性和参与性的教育理论，强调学生应当成为学习的主体，而不是被动的接受者。这些理论为研究性学习的发展奠定了坚实的理论基础，为学生主动参与学习、探索和发现世界提供了重要的理论支持。

与此同时，研究性学习的初期阶段也受到了一些教育实践的启发和推动。一些学校和教育机构开始尝试将研究性学习引入课堂教学和学校管理，通过组织学生开展课外调研、实验研究和科学探究等活动，培养学生的探究精神和创新能力。这些实践案例的成功经验为研究性学习的推广和普及提供了宝贵的经验和借鉴。

进入20世纪70年代以后，研究性学习逐渐成为教育改革的重要方向之一。在这一时期，越来越多的教育实践者和学者开始关注研究性学习的重要性，提出了一系列关于如何促进学生主动学习和探究的教育方法和策略。例如，项目制学习、解决问题式学习、合作学习等教学方法逐渐得到推广和应用，为学生提供了更多的自主学习和探究的机会。同时，一些教育政策文件和教育改革方案也开始明确提出要推动研究性学习的实施，为研究性学习的发展提供了政策支持和指导。

二、研究性学习的发展与蓬勃时期

（一）20世纪后半叶教育改革的推动

20世纪后半叶是教育改革的蓬勃发展时期，也是研究性学习逐渐走向发展的重要时期。在这一时期，各国纷纷意识到传统的教育模式已经无法满足社会发展的需求，开始寻求创新的教育方式，其中研究性学习作为一种重要的教育模式得到了广泛的关注和推广。

20世纪后半叶教育改革的推动促进了研究性学习的发展。随着社会经济的快速发展和科技的不断进步，传统的教育模式逐渐暴露出了许多问题，例如重视死记硬背而忽视实际应用能力、缺乏创新意识和批判性思维等。为了培养更适应社会需求的人才，各国开始进行教育改革，提倡以学生为中心、以问题为导向的教学方法，其中研究性学习作为一种重要的教学模式被广泛关注和倡导。

20世纪后半叶教育改革的需求推动了研究性学习的蓬勃发展。在教育改革的推动下，越来越多的教育机构和教育者开始尝试研究性学习这种新的教学模式。研究性学习强调学生的主动参与和探究精神，通过提供自主性的学习环境和激发学生的学习兴趣，来培养学生的创新能力和解决问题的能力。这种教学模式符合当时社会对人才培养的需求，因此得到了越来越多的教育机构和教育者的认可和推广。

20世纪后半叶科技的快速发展也为研究性学习的发展提供了条件。随着信息技术的不断进步，人们对教育方式的要求也越来越高，开始尝试运用信息技术和网络资源改革的教学模式。研究性学习正是适应了这一趋势，利用信息技术和网络资源为学生提供了更加广泛和深入的学习资源，同时也为学生的合作学习和远程教学提供了便利条件，从而推动了研究性学习的发展。

20世纪后半叶对于跨学科和综合素养的需求也推动了研究性学习的发展。当时，人们开始意识到单一学科知识的局限性，因此强调跨学科的综合能力和创新思维的重要性。研究性学习作为一种跨学科的教学模式，强调学生的解决问题能力和创新思维，这有助于培养学生的跨学科综合能力，从而得到了越来越多教育机构和教育者的青睐。

（二）教育实践的创新

研究性学习作为一种教育实践的创新，在过去几十年中经历了蓬勃的发展。这一时期，研究性学习逐渐被认识到在教育领域中的重要性，并得到了广泛的关注和支持。在这个发展过程中，研究性学习不仅仅是一种教学方法，更是一种教育理念的转变，从传统的知识传授向学生主动参与、自主探究和创造性思维的转变。

研究性学习的发展与蓬勃时期反映了教育领域对于学生主动参与和自主学习的重视。传统的教学模式往往侧重于教师的讲解和知识的传授，学生被动地接受知识。而研究性学习强调学生的主动参与和自主探究，鼓励学生提出问题、开展调查研究、分析数据，并通过实践和反思来深化对知识的理解。这种学习模式使学生更加积极地参与学习过程，激发了他们的学习兴趣和动力，这有助于增强学习效果和提高学习质量。

研究性学习的发展与蓬勃时期反映了教育领域对于学生创造性思维和解决问题能力的重视。在研究性学习中，学生是知识的接收者，更是积极参与知识的发现、解释和创造过程。他们提出问题、收集信息、分析数据，并通过不断的实践和反思来深化对知识的理解。这种学习模式培养了学生的批判性思维和创新能力，使他们能够独立思考、勇于探索，并能够灵活运用所学的知识和技能解决实际问题。

研究性学习的发展与蓬勃时期反映了教育领域对于跨学科和综合性教育的重视。在研究性学习中，学生往往需要运用多学科的知识和技能来解决复杂的问题，这有助于拓宽他们的知识视野，加深对知识的理解。这种跨学科和综合性的学习模式有助于提高学生的综合能力和创新精神，使他们能够更好地应对未来的挑战和机遇。

研究性学习的发展与蓬勃时期反映了教育领域对于合作与交流能力的重视。在研究性学习中，学生往往需要与同伴合作，共同解决问题、分享经验、交流想法。通过与他人的合作，学生不仅能够借鉴他人的思维方式和解决问题的方法，还能够培养团队合作和沟通能力，提高自己的学习效率和水平。这种合作与交流的学习模式有助于培养学生的团队合作精神和领导能力，使他们能够更好地融入团队，发挥个人的优势，共同完成任务和项目。

研究性学习的发展与蓬勃时期反映了教育领域对于反思和评估的重视。在研究性学习中，学生在完成任务或项目后，需要对自己的学习过程和成果进行反思和评估。他们需要审视自己的学习策略是否有效，是否实现了预期的学习目标，以及如何改进自己的学习方法和技能。这种反思和评估过程有助于学生发现自己的不足，并不断提高自己的学习能力和水平。通过反思和评估，学生可以更加全面地理解和把握知识，不断完善自己的学习过程，增强学习的效果。

三、研究性学习的当代发展与趋势

（一）技术与全球化的影响

技术与全球化的影响对研究性学习的当代发展与趋势产生了深远的影响。随着信息技术的快速发展和全球化进程的加速推进，研究性学习在当代教育中扮演着越来越重要的角色，呈现出多种新的发展趋势和特点。

技术的进步为研究性学习提供了强大的支持和平台。随着互联网、人工智能、虚拟现实等技术的不断创新和普及，学生们可以更加便捷地获取各种学习资源和信息，提高学习的广度和深度。通过在线课程、教学平台、数字图书馆等工具，学生们可以随时随地进行自主学习和研究活动，突破了传统学习场所和时间的限制，提高了学习的灵活性和效率。

全球化的发展使得研究性学习具有了更加开放和多样化的特点。在全球化的背景下，学生们可以更加容易地与来自不同国家和地区的学生、教师以及专家进行交流与合作。跨文化的交流与合作不仅拓宽了学生们的视野和认知，还为他们提供了更广阔的研究空间和资源。同时，全球化也促进了各国教育体系之间的互相借鉴和学习，推动了研究性学习理念和方法的传播与交流。

技术与全球化的影响也使得研究性学习呈现出更加多样化和个性化的趋势。在传统的教育模式中，教师往往扮演着知识传授者的角色，学生们则被动接受知识。而在当代，研究性学习注重学生的主动参与和探究，更注重发挥学生的个性和创造力。通过技术的支持，学生们可以选择符合自己兴趣和特长的学习项目和研究课题，自主制订学习计划，开展个性化的学习和研究活动。这种个性化的学习方式有助于激发学生的学习兴趣和动力，培养他们的自主学习能力和创新能力。

技术与全球化的影响也推动了研究性学习与现实问题的紧密结合。在当今社会，面临着诸如气候变化、能源危机、环境污染等诸多复杂的全球性挑战，这些问题需要跨学科的研究和解决方案。研究性学习通过组织学生开展与现实问题相关的研究项目，促使他们深入了解和思考现实问题，并通过科学研究和实践探索解决问题的途径。这种与现实问题结合的研究性学习不仅有助于培养学生的实践能力和创新能力，还能够为解决现实问题提供新的思路和方法。

（二）个性化学习的兴起

个性化学习的兴起得益于信息技术和数据科学的发展，以及教育理论的变革。在传统的教育模式中，学生往往被视为相同的群体，教学内容和方法是统一的，缺乏针对个体差异的个性化支持。然而，随着人工智能、大数据和个性化学习平台等技术的不断发展，教育领域开始意识到每位学生都是独立的个体，有着不同的学习需求、兴趣和学习方式。个性化学习通过利用技术手段和数据分析，为每位学生量身定制了适合其需求的学习路径和教学内容，使教育更加贴近学生的实际情况，提高了学习效果和满意度。

在个性化学习的背景下，研究性学习作为一种强调学生参与和主动探究的学习方式，正逐渐受到重视并得到推广。研究性学习强调学生在学习过程中的主体地位，倡导学生通过自主探究和合作研究来获取知识和解决问题，培养学生的批判性思维、创新能力和解决问题的能力。与个性化学习相结合，研究性学习不仅能够满足学生个性化的学习需求，还能够提高学生的学习积极性和参与度，促进其全面发展。

当代研究性学习的发展呈现出几个显著的趋势。首先，多元化的学习资源和平台为研究性学习提供了更丰富的支持。随着互联网和移动技术的普及，学生可以利用各种在线资源和学习平台进行自主学习和研究，从而拓展学习的边界，丰富学习的内容和形式。其次，跨学科和跨领域的学习成为研究性学习的重要方向。在当今复杂多变的社会环境中，单一学科知识往往难以满足学生的学习需求，跨学科和跨领域的学习成为研究性学习的重要发展方向，有助于培养学生的综合素质和创新能力。再次，教育技术的应用为研究性学习提供了更多的可能性。人工智能、虚拟现实、增强现实等新技术的应用为学生提供了更加丰富、生动的学习体验，促进了学生的参与和探究。最后，教育政策的支持和倡导为研究性学习的发展提供了重要保障。各级政府和教育主管部门纷纷出台相关政策文件和措施，明确提出要推动研究性学习的实施，为学校和教师提供了更多的支持和资源，推动了研究性学习在教育实践中的广泛开展。

第二章 研究性学习理论基础

第一节 建构主义与研究性学习

一、建构主义理论概述

(一)建构主义理论定义

建构主义理论是一种教育学和心理学领域的重要理论,强调个体通过自己的思考、体验和互动来建构知识和理解世界的过程。建构主义理论的核心思想是认为个体不是被动接受外界信息的接收者,而是通过主动参与和互动来建构自己的知识和理解,从而逐渐形成对世界的认知和理解。建构主义理论不仅对教育教学有着重要的启示,也对认知心理学、发展心理学等领域有着深远的影响。

建构主义理论强调个体的主动性和积极性。根据建构主义理论,个体不是被动地接受外界信息,而是通过自己的思考、体验和互动来建构知识和理解。个体在与外界环境的互动中积极、主动地参与,通过观察、探索、实验和交流来建构自己的认知结构和理解框架。这种主动性的学习过程使得个体更加投入到学习中,从而增强了学习效果和提高了学习成绩。

建构主义理论强调社会文化环境对个体认知发展的重要影响。根据建构主义理论,个体的认知和理解是在社会文化环境的影响下逐渐形成的。个体通过与他人的互动和交流,逐渐学习和掌握社会共享的语言、符号、规则和价值观念,从而形成了自己的认知结构和理解框架。

建构主义理论强调个体的思维活动和认知结构的建构过程。根据建构主义理论,个体的认知发展是一个主观活动和社会互动的过程,个体通过自己的思考、体验和互动来建构知识和理解。个体在建构知识和理解的过程中,不断地与外界环境进行交互和对话,通过观察、探索、实验和交流来积累经验和知识,逐渐形成自己的认知结构和理解框架。这种认知结构的建构过程是一个动态的、个体化的过程,不仅受到个体内部因素的影响,也受到社会文化环境的影响。

建构主义理论强调个体在认知发展过程中的积极作用和自我调节能力。根据建构主义理论，个体在认知发展过程中具有积极、主动的作用，能够通过自我调节和反思来促进自身的认知发展。个体不仅可以通过外界环境的互动和支持来建构知识和理解，还可以通过自我调节和反思来调整自己的认知结构和理解框架，不断地完善和深化自己的认知和学习能力。这种自我调节和反思能力是个体认知发展过程中的重要因素，有助于促进个体的认知发展和学习成长。

（二）建构主义的核心观点

建构主义强调个体的主动建构。在建构主义看来，学习过程是学习者主动参与和建构的过程，而不是被动接受和吸收外界的信息。学习者通过主动的探索、实验和反思来建构个人的理解和知识结构，从而实现对知识的深入理解和内化。这种个体主动建构的学习过程激发了学习者的学习兴趣和动力，使他们更加积极地参与学习活动，从而增强了学习效果和提高了学习质量。

建构主义强调知识的社会性和文化性。在建构主义看来，知识不是孤立存在的，而是与社会和文化环境密切相关的。学习者通过与他人的互动和社会交往来建构个人的理解和知识结构，从而获得更深层次的学习经验和意义。这种知识的社会性和文化性使学习过程更加丰富和有意义，有助于学习者更好地理解和应用所学知识。

建构主义强调学习的情境性和情境依赖性。在建构主义看来，学习过程受到学习者所处情境的影响，学习者通过与情境的互动和适应来建构个人的理解和知识结构。学习者在不同的情境中可能表现出不同的学习效果和行为。教师应该创造丰富多样的学习情境，以促进学习者的全面发展和个性化学习。

建构主义强调学习的建构性和发展性。在建构主义看来，学习不仅仅是知识的传递和接收，更是个体认知结构的建构和发展过程。学习者通过不断探索、实验和反思来建构个人的理解和知识结构，从而实现认知结构的发展和演变。这种学习的建构性和发展性使学习者能够不断提高自己的学习能力和水平，从而适应社会和职业的发展需求。

建构主义强调学习的合作性和协作性。在建构主义看来，学习不是孤立的个体行为，而是社会和群体的共同努力。学习者通过与他人的合作和协作来建构个人的理解和知识结构，从而获得更深入的学习体验和更丰富的学习成果。这种学习的合作性和协作性有助于促进学习者之间的相互理解和信任，提高学习效率和学习质量。

二、建构主义与研究性学习的关系

（一）建构主义理论对研究性学习的启示

社会文化理论在研究性学习的教学设计中扮演着重要的角色，它强调了学习环境、社会互动和文化背景对学习的影响，为教育者提供了丰富的理论基础和指导原则。将社会文化理论融入研究性学习的教学设计，有助于促进学生的参与和合作，激发学生的思维活力，培养学生的社会意识和文化素养。

社会文化理论强调学习环境对学习的重要性。在研究性学习的教学设计中，教育者应该创造一个富有合作氛围和积极互动的学习环境。根据社会文化理论，学生的学习不仅受到个体内部因素的影响，还受到外部环境的影响。教育者应该设计多样化的学习活动和任务，鼓励学生之间的合作和交流，提供丰富的学习资源和支持，从而激发学生的学习兴趣和动力。通过合作探究和团队合作，学生可以共同解决问题，互相借鉴经验，培养团队合作能力和社会交往技能。

社会文化理论强调学习的社会性和文化性。在研究性学习的教学设计中，教育者应该充分考虑学生的社会背景和文化差异，为他们提供个性化的学习支持和指导。根据社会文化理论，学习是一种社会活动，学生的学习不仅受到个体内部因素的影响，还受到社会和文化环境的影响。教育者应该尊重学生的文化背景和学习风格，设计符合学生需求和兴趣的学习任务和活动，为他们提供多元化的学习资源和支持。通过充分考虑学生的社会文化因素，教育者可以更好地激发学生的学习动机，提高学习效果和满意度。

社会文化理论强调学习的情境性和参与性。在研究性学习的教学设计中，教育者应该创造具有情境性和参与性的学习情境，激发学生的学习兴趣和动机。根据社会文化理论，学习是一种情境化的活动，学习的效果取决于学习者与学习环境的互动和适应。教育者应该设计具有挑战性和真实性的学习任务和情境，让学生置身于实际问题和情境中，通过探究和实践来获取知识和经验。

（二）研究性学习如何促进建构主义学习的实践

研究性学习与建构主义学习理论有着共同的理论基础。建构主义学习理论强调学习者是知识的建构者，通过与周围环境的交互和社会互动来建构知识和理解。研究性学习也强调学生在学习过程中的主体地位，通过自主探究和合作研究来建构知识。研究性学习为建构主义学习提供了理论支持和实践基础，这有助于将建构主义学习理论转化为实际的教学活动和策略。

研究性学习提供了促进建构主义学习的学习过程。在研究性学习中，学生通过自主探究和合作研究来获取知识和理解，从而建构自己的知识体系和理论框架。与传统的教师主导式教学相比，研究性学习更加强调学生的参与和主动性，使学生能够更深入地理解和掌握知识。通过实际的调查研究、解决问题和项目制学习等活动，学生能够将课堂学习与实际生活和社会实践相结合，从而更好地理解和应用所学知识。

研究性学习提供了丰富多样的教学策略，有助于激发学生的学习兴趣和动机。在研究性学习中，教师可以通过设计具有挑战性和启发性的学习任务和项目，引导学生积极参与和探究。例如，教师可以组织学生开展实地考察、文献查阅、实验研究等活动，激发学生的好奇心和探究欲望，培养其自主学习和解决问题能力。同时，教师还可以借助信息技术和网络平台，为学生提供更丰富、生动的学习资源和学习环境，拓展学生的学习空间和可能性。

研究性学习还注重学生之间的合作与交流，有助于促进建构主义学习的实践。在研究性学习中，学生往往需要与同伴合作，共同探究和解决问题，通过相互交流和合作来建构知识和理解。这种合作学习的方式有助于培养学生的团队合作精神和沟通能力，促进学生之间的互动和交流，形成良好的学习氛围。

研究性学习注重学生的反思和评价，有助于促进建构主义学习的实践。在研究性学习中，学生不仅要完成任务和项目，还需要对自己的学习过程和成果进行反思和评价，总结经验和教训，不断调整和完善自己的学习策略和方法。这种反思和评价的过程有助于学生更深入地理解和掌握知识，提高其自主学习的能力。

第二节　社会文化理论与研究性学习

一、社会文化理论概述

（一）社会文化理论的定义与范畴

社会文化理论是一种重要的社会科学理论，它关注个体与社会文化环境之间的互动关系，强调社会文化因素对个体认知、行为和发展的重要影响。社会文化理论认为个体的思维、情感和行为是在社会文化环境的影响下逐渐形成的，个体通过与社会文化环境的互动和交流来学习和掌握社会共享的语言、符号、规则和价值观念，从而形成了自己的认知结构、情感体验和行为模式。社会文化理论的范畴涉及社会文化环境、个体认知和行为、社会文化转化等方面，对于理解社会发展、文化传承和个体成长具有重要的意义。

社会文化理论关注社会文化环境对个体认知和行为的影响。根据社会文化理论，社会文化环境是影响个体认知和行为的重要因素，个体通过与社会文化环境的互动和交流来学习和掌握社会共享的语言、符号、规则和价值观念，从而形成了自己的认知结构和行为模式。社会文化环境不仅为个体的认知发展提供了重要的支持和指导，还为个体的行为模式和社会角色的塑造提供了重要的参照和规范。社会文化环境对个体认知和行为的影响是社会文化理论关注的重要内容。

社会文化理论关注个体在社会文化环境中的学习和发展过程。根据社会文化理论，个体通过与社会文化环境的互动和交流来学习和掌握社会共享的知识、技能和价值观念，并逐渐形成了自己的认知结构、情感体验和行为模式。个体在社会文化环境中的学习和发展过程是一个动态的、个体化的过程，不仅受到个体内部的因素影响，也受到社会文化环境的影响。个体在与社会文化环境的互动和交流中不断地积累经验和知识，逐渐形成了自己的认知结构和行为模式，从而实现了个体的认知发展和行为变化。

根据社会文化理论，社会文化是一种动态的、变化的现象，它在不断的发展和变化中传承和转化。社会文化的传承和转化过程是一个复杂的、多元的过程，涉及社会结构、社会制度、社会组织和社会交往等方面。个体在社会文化环境中的学习和发展过程不仅受到当前社会文化环境的影响，还受到历史文化传统和社会变迁的影响，从而影响了社会文化的传承和转化过程。社会文化的传承和转化过程是社会文化理论关注的重要内容，对于理解社会发展和文化变迁具有重要意义。

根据社会文化理论，社会文化环境通过语言、符号、规则、社会交往等方式影响个体的认知和行为，其中语言和符号是社会文化传递和沟通的重要工具，规则和社会交往则是社会文化秩序和规范的重要载体。个体通过与社会文化环境的互动和交流来学习和掌握这些社会文化要素，逐渐形成了自己的认知结构和行为模式。社会文化环境对个体认知和行为的影响机制是社会文化理论研究的重要内容，对于理解个体认知发展和行为变化具有重要意义。

（二）社会文化理论的历史演变

社会文化理论的起源可以追溯到 19 世纪末的欧洲社会学和人类学思想。在这一时期，社会学家和人类学家开始关注社会和文化因素对个体行为和社会发展的影响，并提出了一系列关于社会和文化的理论和观点。其中，韦伯和杜尔凯姆等社会学家提出了关于社会结构、社会制度和社会变迁的理论，强调社会和经济因素对个体行为和社会发展的影响，而人类学家关注不同文化之间的差异和联系，探讨文化对个体认知和行为的影响，提出了文化相对主义和文化决定论等理论。

社会文化理论在 20 世纪初开始逐渐发展和完善。在这一时期，社会学和人类学逐渐成为独立的学科，并开始形成自己的理论体系和研究方法。社会学家如孔德、杜布瓦、伯恩斯坦等提出了关于社会结构、社会交往和社会变迁的理论，强调社会因素对个体行为和社会发展的重要性。人类学家如马尔库斯、马克斯·韦伯等则关注文化和意义的建构，提出了符号互动主义和文化解释学等理论，强调文化对个体认知和行为的影响。

社会文化理论在 20 世纪中叶开始出现一系列新的理论和观点。在这一时期，社会学和人类学逐渐向跨学科和综合性发展，吸收了心理学、语言学、人类遗传学等多学科的研究成果，形成了更为系统和完整的理论框架。社会学家如戈夫曼、加菲尔德、伯格等提出了关于交往、身份和群体行为的理论，强调文化和意义的建构过程。人类学家如列维-斯特劳斯、马尔萨斯等则关注文化的符号系统和象征意义，提出了结构主义和符号学派的理论，强调文化对个体认知和行为的结构性影响。

社会文化理论在当代逐渐走向多元化和综合性发展。在当代，社会学和人类学逐渐向跨学科和综合性发展，吸收了心理学、神经科学、认知科学等多学科的研究成果，形成了更为综合和完整的理论框架。社会学家和人类学家开始关注文化认知、文化心理和文化生物学等新的研究领域，探讨文化对个体认知和行为的影响。同时，社会文化理论也开始关注全球化、跨文化交流和文化变迁等新的社会和文化现象，试图理解和解释当代社会和文化的复杂性和多样性。

二、研究性学习在社会文化理论实践中的应用

研究性学习在社会文化理论的实践中提供了丰富多样的学习环境。在研究性学习的实践中，学生不仅可以在课堂上开展探究性学习活动，还可以利用社区资源、实地考察和参与社会实践等方式来丰富学习环境，拓展学习的空间和可能性。例如，学生可以通过参与社区服务、志愿活动和实习实践等方式，深入了解社会文化现象和问题，与社会各界人士进行交流和互动，从而增进对社会文化的理解和认识。

研究性学习在社会文化理论的实践中采用了多种教学方法和策略。在研究性学习的实践中，教师可以采用项目制学习、解决问题式学习、合作学习等多种教学方法，引导学生参与社会文化实践，从而促进其对社会文化的理解和认知。例如，教师可以组织学生开展社会调查、文化交流和跨文化体验等活动，通过实际的社会实践和互动来促进学生对社会文化的体验和感悟，从而加深对社会文化的理解和认识。

研究性学习在社会文化理论的实践中注重学习成果的展示与分享。在研究性学习的实践中，学生不仅需要完成学习任务和项目，还需要将学习成果进行展示与分享，与同学、老师和社会大众进行交流和互动，从而促进学生之间的交流与合作，加深对社会文化的理解和认识。例如，学生可以通过举办展览、发表论文、参与社区活动等方式来展示和分享自己的学习成果，与他人分享学习经验和心得，从而加深对社会文化的理解和认识。

研究性学习在社会文化理论的实践中培养了学生的社会文化意识和批判性思维。在研究性学习的实践中，学生通过自主探究和合作研究来参与社会文化实践，从而增进了对社会文化的理解和认识。同时，学生还通过反思和评价自己的学习过程和成果，培养了批判性思维和自主学习能力，提高了对社会文化的认识和理解水平。

第三节 学习社群理论与研究性学习

一、学习社群理论概述

（一）学习社群理论的基本概念与原理

学习社群理论是一种重要的教育理论，强调学习不仅是个体内部的认知过程，更是个体与社会环境的互动和共享过程。学习社群理论认为学习是在社会群体中进行的，个体通过参与社会群体的活动和互动来获得知识、技能和价值观念，从而实现个体的认知发展和社会化过程。学习社群理论的基本概念和原理涉及学习社群的概念、学习社群的特征、学习社群的功能和学习社群的形成机制等方面。

学习社群理论强调学习是在社会群体中进行的。根据学习社群理论，学习不仅是个体内部的认知过程，更是个体与社会环境的互动和共享过程。学习社群是一个由拥有共同兴趣、共同目标和共同活动的个体组成的社会群体，它通过集体合作和互动来促进个体的学习和发展。在学习社群中，个体不仅可以通过与他人的互动和交流来获取知识和信息，还可以通过参与群体活动和实践项目来提高技能和能力，从而实现个体的认知发展和社会化过程。

学习社群理论强调学习社群的特征。根据学习社群理论，学习社群具有共同的兴趣、共同的目标和共同的活动特点。学习社群的成员之间存在着密切的合作和互助关系，他们通过共同合作和互动来促进个体的学习和发展，形成了良好的学习氛围和学习环境。

学习社群理论强调学习社群的功能。根据学习社群理论，学习社群具有促进学习和发展的功能。学习社群为个体提供了一个共同的学习空间和学习平台，他们通过参与社群活动和互动交流来获取知识、技能和经验，从而增强个体的学习效果和提高学习成绩。学习社群还可以促进个体的社会化过程，通过参与社群活动和互动交流来培养个体的合作精神、团队意识和社会责任感，从而促进个体的全面发展和成长。

学习社群理论强调学习社群的形成机制。根据学习社群理论，学习社群的形成是一个动态的、复杂的过程，涉及个体之间的兴趣共鸣、目标协调和活动互动等方面。学习社群的成员之间存在着共同的兴趣和共同的目标，他们通过共同的活动和互动来完成共同的学习目标。学习社群的形成过程是一个自发的、自组织的过程，不仅受到个体内部因素的影响，还受到外部环境的影响，个体通过与社会环境的互动和共享推动学习社群的形成。

（二）学习社群理论的发展历程

学习社群理论的萌芽可以追溯到20世纪50年代和60年代的社会学和心理学研究。在这一时期，社会学家和心理学家开始关注社会互动和社会支持对个体行为和心理健康的影响，提出了社会支持理论和社会认同理论等。他们强调个体在社会环境中的互动和交流对个体认知和行为的重要性，奠定了学习社群的理论基础。

学习社群理论在20世纪70年代和80年代开始出现一系列新的理论和观点。在这一时期，社会学家和教育学家开始关注学习者在学习过程中的社会互动和合作，提出了社会学习理论和合作学习理论等。他们强调学习者在社会环境中的学习社群中相互交流和合作的重要性，认为学习社群可以增强学习者的学习效果和提高学习者的学习质量。

学习社群理论在20世纪90年代和21世纪初逐渐发展成熟，并得到了广泛的关注和应用。在这一时期，社会学家、教育学家和计算机科学家等跨学科领域开始探讨学习者在网络环境中的社会互动和协作，提出了网络学习社群理论和虚拟学习社群理论等。他们强调网络和信息技术对学习社群的组织和发展的重要性，认为网络学习社群可以促进学习者之间的跨时空交流和合作，提高学习的灵活性和效率。

学习社群理论在当代不断地走向多元化和综合性发展。在当代，学习社群理论不仅关注学习者在传统的面对面学习环境中的社会互动和合作，还关注学习者在虚拟和在线学习环境中的社会互动和合作。同时，学习社群理论还关注学习者在不同的社会和文化背景下的社会互动和合作，试图理解和解释跨文化学习社群的形成和发展。通过多学科的研究和探索，学习社群理论不断丰富和完善自己的理论框架，为教育实践提供了重要的理论和方法。

二、社群理论与研究性学习的关系

（一）社群理论对于研究性学习环境的构建与支持

社群理论在研究性学习环境的构建与支持中具有重要的作用。社群理论强调学习是一种社会实践，学习者在参与社区的互动中构建知识，获取经验，并共享对知识的理解。将社群理论融入研究性学习环境的构建与支持中，有助于创造富有合作与共享的学习氛围，激发学生的学习动机和创造力，提升学习效果和满意度。

社群理论强调学习是一种社会实践，学习者通过参与社区的互动与合作来构建知识。在研究性学习环境中，教育者可以借鉴社群理论，鼓励学生之间的合作与共享，创造一个积极、互动的学习社区。通过合作探究和团队合作，学生们可以共同解决问题，互相借鉴经验，促进知识的共建与共享。这种社区式的学习方式不仅有助于加强学生之间的互动与合作，还能够激发学生的学习兴趣和动机，提升学习的深度和广度。

社群理论强调学习是一种社会化过程，学习者在社区与他人的互动中逐渐形成共同的认知和文化。在研究性学习环境中，教育者可以通过构建多元化和包容性的学习社区，充分利用学生之间的多样性和差异性，促进学生之间的文化交流与理解。通过组织学生参与跨文化的交流与合作，教育者可以促进学生之间文化的共融与包容，拓宽学生的视野和认知，培养他们的社会意识和文化素养。

社群理论强调学习是一种参与性过程，学习者在积极参与社区活动中构建知识和技能。在研究性学习环境中，教育者可以通过设计具有挑战性和真实性的学习任务和情境，激发学生的学习兴趣和动机，促进学生的主动参与和探究。通过情境化的学习活动和参与性的学习任务，学生们可以积极投入学习过程，从而提高学习的深度和广度，加强对知识的理解与应用。

（二）社群理论对研究性学习的启示

社群理论强调学习的社会性。社群理论认为学习是一个社会实践的产物，需要个体在参与社群活动中与他人互动、交流和合作，共同构建知识和理解。研究性学习倡导学生通过自主探究和合作研究来参与社群活动，与同伴和教师共同探讨问题、分享经验，从而促进知识的建构和深化。在研究性学习的实践中，学生可以通过参与小组讨论、合作项目、实地考察等方式来与他人进行交流和互动，从而拓宽了学习的社会性维度，促进了知识的共建和共享。

社群理论强调学习的参与性。社群理论认为学习是参与社群活动的过程，个体通过参与社群活动来共同建构知识、分享经验和解决问题。研究性学习正是基于这一理念，倡导学生通过自主探究和合作研究来参与社群活动，从而促进学生的主动参与和积极学习。在研究性学习的实践中，学生不仅是知识的接受者，更是知识的建构者和分享者，通过自主探究和合作研究来参与社群活动，从而深化了对知识的理解和应用。

社群理论强调学习的合作性。社群理论认为学习是一个合作的过程，个体通过与他人互动、交流和合作来共同建构知识和理解。研究性学习倡导学生通过合作研究来参与社群活动，与同伴和教师共同探讨问题、分享经验、解决问题。在研究性学习的实践中，学生可以通过小组合作、团队项目等方式来与他人合作，共同探讨问题、分享经验，从而促进学生之间的互动和合作，增强学习效果和提高学习成绩。

1. 社群理论中的合作与互动对研究性学习的促进

社群理论中的合作与互动对研究性学习的促进具有重要的意义。研究性学习强调学生通过自主探究和合作学习来建构知识，而社群理论强调学习是在社会群体中进行的，个体通过与他人的互动和合作来获取知识和经验。社群理论中的合作与互动为研究性学习提供了重要的支持和促进作用。

社群理论中的合作促进了学习社群的形成和发展。学习社群中的合作活动包括共同解决问题、共同探讨课题、共同完成项目等，通过合作活动，学习社群成员之间建立了密切的合作关系，共同努力实现了学习目标。

社群理论中的互动促进了知识的共享和交流。根据社群理论，学习是个体与社会环境的互动和共享过程，个体通过与他人的互动和交流来获取知识和信息，从而促进了个体的认知发展和学习成长。互动是学习社群的重要特征之一，它促进了学习社群成员之间的知识共享和经验交流，有助于拓宽个体的视野和思维，促进个体的学习和发展。学习社群中的互动活动包括讨论、分享、评论、反馈等，通过互动活动，学习社群成员之间积极交流和互相启发，共同促进知识的共享和交流。

社群理论中的合作与互动促进了学习社群的发展和壮大。根据社群理论，学习社群是一个动态的、开放的社会群体，它不断地吸引新的成员加入并促使老成员持续参与。合作和互动是学习社群的重要特征，它们促进了学习社群成员之间情感的交流和信任的建立，有助于形成良好的学习氛围和学习环境。学习社群中的合作与互动活动不仅促进了学习社群成员之间的交流和互动，还吸引了更多的成员加入并积极参与，从而促进了学习社群的发展和壮大。

社群理论中的合作与互动促进了学习的深度和广度。根据社群理论，学习是一个社会性的、交互性的过程，个体通过与他人的合作和互动来获取知识和信息，从而促进了个体的认知发展和学习成长。合作与互动是学习社群的重要特征之一，它们不仅促进了学习社群成员之间情感的交流和信任的建立，还拓宽了个体的学习视野和思维，促进了学习的深度和广度。通过合作与互动，学习社群成员之间共同解决问题、共同探讨课题、共同完成项目等，不仅促进了个体的认知发展和学习成长，还促进了学习的深度和广度，实现了知识的全面积累和深度挖掘。

2. 社群理论中的共同体认同与学习动机的关联

共同体认同对学习动机的影响体现在以下几个方面：共同体认同可以给学习者提供情感支持和社会支持，从而增强学习者的自我效能感和学习动机。在学习社群中，学习者与他人共同学习和合作，建立了紧密的情感联系和互助关系，形成了共同体认同。这种共同体认同使学习者可以感到受到他人的尊重和支持，增强了他们的自信心和自我效能感，从而强化了学习动机和提高了学习成就感。

共同体认同可以激发学习者的学习兴趣和学习热情。在学习社群中，学习者与他人分享共同的学习目标和学习资源，共同探讨和解决学习中的问题，形成了紧密的学习共同体。这种学习共同体的存在使学习者感到自己不再孤单，有了学习伙伴的支持，激发了他们的学习兴趣和学习热情，强化了学习动机和提高了学习积极性。

共同体认同可以为学习者提供认知支持和社会认同，从而增强学习者的学习动机和学习成就感。这种学习社区的存在使学习者感到自己受到他人的认可和尊重，增强了他们的自我价值感和社会认同感。

共同体认同可以促进学习者的社会互动和合作，从而增强学习动机和学习效果。这种学习团队的存在使学习者能够相互借鉴和学习，共同进步和提高，增强了他们的学习动机和学习成就感。

第四节　认知心理学与研究性学习

一、认知心理学基础

（一）认知心理学的概念与范畴

认知心理学研究的核心是认知过程。认知过程是指人类对外界信息进行加工、组织和转化的心理活动。这些过程包括感知、注意、记忆、思维、语言、推理等，它们共同构成了人类的思维和智力活动。认知心理学通过实验、观察和模型建构等方法，探索认知过程的本质和规律，揭示人类智力活动的基本机制。

认知心理学研究的范畴还包括认知结构。认知结构是指人类对知识和信息的组织和存储方式。它包括概念、模型、图式等认知单位，以及它们之间的关系和连接。认知心理学通过研究认知结构的组织和运作，揭示人类思维的组织原则和规律，从而深化对认知过程的理解。

认知心理学还研究认知发展。认知发展是指个体在不同阶段的生命周期中，认知能力和思维方式的变化和发展。认知心理学通过研究儿童、青少年和成年人的认知发展，揭示认知能力的发展规律和影响因素，为教育和发展心理学提供了理论基础和实践指导。

除此之外，认知心理学还涉及认知心理学方法。这些方法包括实验方法、观察方法、问卷调查、认知模型建构等。通过这些方法，研究者可以获取关于认知过程和结构的客观数据，验证和修正理论假设，从而推动认知心理学的发展。

（二）认知心理学的主要理论框架

认知心理学是研究人类思维、认知和行为的一门学科，其主要理论框架包括信息加工理论、模式识别理论、认知发展理论和认知神经科学理论等。这些理论框架相互交织，共同构成了认知心理学的基本理论体系，对于理解人类的认知过程和行为具有重要的意义。

信息加工理论是认知心理学的核心理论之一，它强调人类思维和认知活动是一种信息加工的过程。这一理论框架源自计算机科学的发展，认为人类大脑就像一台信息处理系统，接收、存储、处理和输出信息。在信息加工理论中，人类的认知过程被描述为一系列信息的加工和转换过程，包括感知、注意、记忆、思维和决策等。例如，人们通过感觉器官接收外界刺激，然后经过注意、记忆和思维等过程对信息进行加工和处理，最终产生行为反应。

模式识别理论是认知心理学中的另一个重要理论框架，它强调人类通过识别和分类来理解和解释环境中的信息。根据模式识别理论可知，人类思维和认知活动是通过识别环境中的模式和规律来进行的。这种模式识别过程涉及对外界信息的感知、分类和归纳等过程，帮助人们理解并适应复杂多变的环境。例如，人们在面对一系列数字时，通过识别规律和模式来进行数字的分类和归纳，从而更好地理解数字的含义和关系。

认知发展理论是对人类认知能力发展过程进行研究的理论框架，强调认知能力是随着年龄和经验的增长而逐渐发展和变化的。该理论框架最具代表性的是皮亚杰的认知发展理论，他提出了认知发展的四个阶段：感觉运动期、前运算期、具体运算期和形式运算期。根据这一理论，人类的认知能力在不同阶段呈现出不同的特点和发展轨迹，受到生理和环境等因素的影响。例如：在感觉运动期，婴儿主要通过感觉和运动来认知世界；而在形式运算期，青少年则能够进行抽象思维和逻辑推理。

认知神经科学理论是认知心理学与神经科学相结合的一种理论框架，强调人类的认知活动与大脑结构和功能密切相关。在认知神经科学理论中，研究者利用神经影像技术和神经生理学方法来探究认知过程在大脑中的神经基础和机制。通过研究大脑的结构和功能，认知神经科学揭示了不同认知活动在大脑中的神经回路和区域，从而深化了对认知过程的理解。例如，认知神经科学研究发现，前额叶皮层在决策和执行控制中起着重要的作用，颞叶和顶叶皮层则与记忆和语言加工相关。

二、认知心理学与研究性学习的关系

（一）认知心理学对于研究性学习策略的指导与优化

认知心理学强调了学习过程中的注意力分配。研究表明，注意力是学习的基础，而有效的学习策略需要合理分配和控制注意力。例如，使用分块法可以帮助学习者将大量信息分割成更小的部分，有助于提高注意力的集中度和信息的处理效率。认知心理学还研究了注意力的可塑性，提出了一些训练注意力的方法，如专注训练和注意力调节训练，这些方法有助于学习者培养良好的学习习惯和注意力控制的能力。

认知心理学关注了学习过程中的记忆机制。记忆是学习的重要环节，而有效的学习策略可以帮助加强记忆。例如，认知心理学家提出了深层加工理论，强调通过深入思考和理解信息可以加强记忆效果。在研究性学习中，学习者可以通过与现有知识相关联、进行深入思考和拓展等方式，加深对知识的理解和记忆。认知心理学还研究了记忆的编码、存储和检索过程，提出了一些有效的记忆技巧，如串联法、联想法和故事法等，这些技巧有助于提高学习者的记忆效率和准确性。

认知心理学关注了学习过程中的解决问题能力和创新能力。研究性学习强调培养学生的批判性思维和创造性思维能力，而认知心理学为此提供了一些理论框架和实践指导。例如，认知心理学研究了解决问题的启发式策略和决策过程，提出了一些有效的解决问题的方法，如分解问题、模式识别和归纳推理等。认知心理学还研究了创新思维的心理机制，提出了一些促进创新的方法，如迁移训练、模拟思维和多视角思维等，这些方法有助于培养学习者的创新能力和解决问题能力。

认知心理学关注了学习过程中的情绪调节和自我监控能力。情绪和自我监控对学习效果有着重要影响，而认知心理学提供了一些方法和技巧来帮助学习者有效管理情绪和监控学习过程。例如，认知情绪调节理论提出了情绪与认知之间的相互作用机制，指导学习者通过认知重构和情绪调节来应对学习中的挑战和困难。元认知理论强调了自我监控和自我调节的重要性，提出了一些促进元认知能力发展的方法，如目标设定、自我评价和反馈等，这些方法有助于学习者更好地监控和调节自己的学习行为和学习策略。

（二）认知心理学中的学习理论与研究性学习的契合点

认知心理学中的建构主义学习理论与研究性学习的理念高度契合。建构主义认为知识是由个体通过主动的参与和构建而获得的，而研究性学习正是鼓励学生通过实践、探究和发现来构建知识。在建构主义的视角下，学习不仅是知识的传递，更是个体对外界信息的主动构建和理解的过程。研究性学习强调学生的自主性和主动性，要求他们提出问题、设计实验、收集数据，并通过分析和解释来建构知识。这种强调个体主动参与和知识建构的学习方式与建构主义学习理论高度契合，促进了学生对知识的深入理解和掌握。

情境学习理论认为学习是在特定情境下进行的，学习的效果受到情境的影响。研究性学习正是通过创设具体的情境和任务来促进学生的学习。在研究性学习的实践中，学生通常会面临具体的问题和挑战，需要在特定的情境中进行探究和解决。这种情境化的学习活动有助于激发学生的学习兴趣和动机，提高学习的积极性。情境学习理论与研究性学习的实践活动相辅相成，共同促进了学生的学习和发展。

社会认知理论强调个体通过社会互动和合作来构建知识，而研究性学习正是通过合作与交流来促进学生的学习。在研究性学习的实践中，学生通常会以小组形式开展研究项目，共同探究问题、交流想法、分享经验。这种合作与交流的学习方式有助于学生深入理解问题、拓展思维、提高解决问题的能力。社会认知理论与研究性学习中的合作与交流相辅相成，共同促进了学生的学习和发展。

信息加工理论认为学习是一个信息处理的过程，个体通过接收、存储、加工和输出信息来构建知识。而研究性学习正是通过探究、收集和分析信息来促进学生的学习。在研究性学习的实践中，学生需要通过阅读文献、设计实验、分析数据等活动来获取和加工信息，从而深入理解问题、形成观点、提出结论。这种信息加工的学习方式有助于培养学生的批判性思维、分析问题的能力和解决问题的能力。信息加工理论与研究性学习的探究活动相契合，共同促进了学生的学习和发展。

第五节 学习动机理论与研究性学习

一、学习动机理论概述

(一)学习动机理论的概念与基本分类

学习动机理论是教育心理学领域的重要理论之一,旨在解释个体参与学习活动的内在动机和外在驱动力。学习动机理论关注个体在学习过程中的动机来源、动机类型以及动机对学习行为和成就的影响。它的概念和基本分类涵盖广泛的主题和领域,包括内在动机、外在动机、成就动机、目标取向等多个方面。

学习动机理论的核心概念之一是内在动机。内在动机指个体出于兴趣、好奇心、乐趣等内在因素而参与学习活动,而不是为了外在的奖励或惩罚。内在动机的特点是自主性、自发性和持久性,它能够激发个体的积极性和创造性,促进学习的深入和持续。内在动机的培养对于提高学习者的学习动力和增强学习者的学习效果具有重要的意义。

学习动机理论还涉及外在动机。外在动机指个体出于外在的奖励或惩罚而参与学习活动,例如得到好成绩、获得奖励或避免惩罚等。外在动机的特点是临时性、外在性和依赖性,它往往不能长期维持学习的积极性。然而,在某些情况下,外在动机也可以作为激励和引导学习行为的有效手段,促进学习者的积极参与和努力。

学习动机理论还包括成就动机。成就动机指个体追求成功和竞争优势的内在动机状态,它包括成就取向和任务取向两种类型。成就取向的学习者关注自己的表现和能力水平,希望通过努力和竞争取得成功和认可;而任务取向的学习者关注任务本身的挑战性和趣味性,乐于尝试新的学习任务和解决问题,而不是关注结果。成就动机对于个体的学习动机和学习成就具有重要的影响,它可以激发学习者的学习兴趣和学习动力,促进个体的学习成长和发展。

学习动机理论还涉及目标取向。目标取向指个体在学习过程中所设立的目标和期望,它包括任务导向型目标和自我导向型目标两种类型。任务导向型目标是指个体关注并完成具体学习任务和获得好成绩的目标,他们希望通过努力和坚持来实现自己的目标;自我导向型目标是指个体关注自我成长和自我实现的目标,他们追求个人兴趣和价值观的体现,注重个体的内在满足和发展。目标取向对于个体的学习动机和学习行为具有重要影响,它可以引导学习者的学习方向和行为选择,促进学习的有效展开和成就的实现。

(二)主要学习动机理论及其要点

马斯洛需求层次理论是学习动机理论的经典代表之一。该理论早期将人类需求分为生理需求、安全需求、社交需求、尊重需求和自我实现需求五个层次，认为人们的行为和动机是为了满足这些需求。按照理论，只有满足了一个层次的需求，人们才会追求更高层次的需求。例如，如果一个人没有满足基本的生理需求，如食物和水，他可能不会关心学习。然而，一旦这些基本需求得到满足，人们就会开始追求更高层次的需求，如社交认可和自我实现，从而影响其学习动机。该理论后来扩展，还包括认知需求、审美需求、超越需求等层次。

自我决定理论强调个体内在动机对学习行为的影响。该理论认为，个体在追求学习目标时有三种基本的动机类型：内在动机、外在动机和混合动机。内在动机是指个体因为对任务本身感到有趣、有挑战性或满足感而参与学习。外在动机是指个体因为外部奖励或惩罚而参与学习，如得到奖励或避免惩罚。混合动机是内在动机和外在动机的结合。自我决定理论强调内在动机对学习动机和持久性的重要性，认为当个体的行为与其内在价值观和兴趣相一致时，他们更有可能保持学习动机。

成就动机理论关注个体在追求成功和避免失败时的动机。该理论认为，个体有一种成就动机，即渴望在竞争中取得成功或避免失败的愿望。这种成就动机受到个体对成就目标的期望和自我效能感的影响，当个体认为自己有能力实现某项任务时，他们更有可能对该任务产生浓厚的兴趣和投入。成就动机理论还将成就动机分为任务取向和表现取向两种。任务取向是指个体注重通过提高自身能力和学习新知识来实现目标，而表现取向是指个体注重通过比较自己与他人的表现来实现目标。研究表明，任务取向的个体更有可能取得长期学习成果，并且更具内在动机。

目标导向理论将学习动机分为任务导向和表现导向两种。任务导向是指个体关注任务本身的掌握程度和学习过程中的改进，而表现导向是指个体关注与他人比较时表现的优越性。根据该理论，任务导向的个体更倾向于寻求挑战和努力提高自己的技能；而表现导向的个体更关注他们在学习中的表现，试图展示自己的能力或取得成功。目标导向理论强调个体的目标设定对其学习动机和行为的影响，指出清晰、具体的目标有助于激发个体的学习动机和增强学习效果。

二、学习动机理论与研究性学习的关系

（一）学习动机理论在研究性学习评价与改进中的应用

学习动机理论在研究性学习评价与改进中扮演着关键角色。研究性学习是一种以学生为中心的教学方法，鼓励学生通过探究、发现和解决问题来获取知识。这种学习方式需要学生拥有高度的学习动机，而学习动机理论提供了理论框架来解释学生的学习动机，并指导教师在评价和改进学生研究性学习过程中的实践。

学习动机理论帮助教师了解学生的内在动机和外在动机。根据自我决定理论，学生的动机可以分为内在动机、外在动机和自我调节动机。内在动机是指学生出于兴趣、乐

趣或满足而参与学习活动，外在动机是指学生受到外部奖励或惩罚的影响而参与学习活动。了解学生的动机类型有助于教师设计相应的评价策略，例如，对于内在动机的学生，教师可以通过提供更多的探索性任务来激发其学习兴趣，从而提高其参与度。

学习动机理论指导教师设计具有挑战性和目标导向性的评价任务。根据成就目标理论，学生的学习动机受到其对成就目标的追求和目标取向的影响。通过为学生设定具有挑战性的学习目标，并提供相应的评价任务来衡量其达成目标的程度，可以激发学生的学习动机，促使他们更加努力地参与研究性学习活动。例如，教师可以设计开放性的探究问题，要求学生在独立或合作的情境下进行探索和解决，然后通过评价学生的解决方案或成果来反馈其学习成就。

学习动机理论帮助教师理解学生的自我效能感和归因信念。自我效能感是指学生对自己完成特定任务的能力的信心；而归因信念是指学生对成功或失败的原因的解释。了解学生的自我效能感和归因信念有助于教师提供有效的反馈和指导，从而促进学生的学习动机和学习表现。例如，当学生取得成功时，教师可以强调其努力和能力，以加强其自我效能感；而当学生遇到困难或失败时，教师可以帮助学生分析失败的原因，并提供相应的支持和指导，以改变其失败的归因信念，从而激发其学习动机。

（二）学习动机理论对研究性学习的影响

1. 内在动机理论在激发研究性学习兴趣方面的作用

内在动机理论和学习动机理论都是教育心理学中重要的理论框架，它们对于激发研究性学习兴趣具有重要的作用。内在动机理论强调个体对于活动本身的内在价值和趣味性；而学习动机理论探讨了个体在学习过程中的动机来源和影响因素。这两个理论相互补充，共同为研究性学习提供了理论基础和指导。

内在动机理论强调个体对于活动的内在价值和趣味性的重要性。在研究性学习中，学生对于自己的研究课题可能会有着内在的兴趣和好奇心，他们可能被某个主题或问题所吸引，因而自发地展开研究。这种内在的动机会促使他们主动地探索、学习和思考，而不是被外部的奖励或惩罚所驱使。例如，一个学生可能对于某个科学领域的实验或者社会现象的调查产生兴趣，因而自愿去深入了解和探索，而不仅仅是为了完成课程要求而做出的表面性学习。

2. 外在奖励与目标设置在推动研究性学习中的作用

外在奖励与目标设置在推动研究性学习中发挥着重要作用，而学习动机理论对研究性学习的影响也是至关重要的。研究性学习是一种积极、主动的学习方式，其核心是学生通过自主探究和解决问题来获取知识和技能。在这一过程中，外在奖励和目标设置可以成为激励学生主动参与研究性学习的重要因素。

外在奖励对于激发学生的学习动机至关重要。根据行为主义学习理论，人类行为往往会受到奖励和惩罚的影响。在研究性学习中，外在奖励可以是各种形式的，例如奖学金、荣誉证书、表扬等。这些奖励可以直接激励学生参与研究性学习活动，增强他们的学习动机。通过提供外在奖励，学校和教育机构可以促进学生对于研究性学习的积极参与，并帮助他们建立持续的学习动力。

第六节　情感认知理论与研究性学习

一、情感认知理论概念

（一）情感认知的定义与基本概念

情感认知是指人类对情感和认知的综合理解和处理能力。情感认知涉及个体对情绪、情感和心理状态的感知、理解、表达以及对认知过程的影响。在心理学和神经科学领域，情感认知一直是一个备受关注的研究领域，对人类行为和心理健康具有重要的影响。

情感认知包括对情感的感知和理解。感知是个体对外界刺激或内在体验的感觉和认识；而情感感知则是指个体对自身情感状态的感知和认知。这包括对愉悦、难过、焦虑等情感状态的识别和理解。情感感知对于个体的情绪调节和心理健康至关重要，它影响着个体对自身情绪状态的认知和应对方式。

情感认知涉及情感表达和交流。情感表达是指个体通过语言、表情、姿态等方式将自己的情感传达给他人。而情感交流则是指个体在与他人互动的过程中，通过情感表达和接收来建立情感联系和沟通。情感认知能力的高低直接影响着个体的情感表达和交流质量，对于个体的社交能力和人际关系具有重要的影响。

情感认知与认知过程密切相关。认知是指个体对信息的处理、存储、理解和应用过程，而情感认知是认知过程中情感因素的影响和作用。情感认知能力的不同会影响个体对信息的注意、记忆、推理和解决问题的方式和效果。例如，情绪状态良好的个体更容易集中注意力、记忆更为深刻，并且更具创造性和解决问题的能力。

情感认知还与心理健康和心理疾病密切相关。情感认知能力的低下常常与情绪障碍、焦虑症、抑郁症等心理健康问题有关。例如，情感认知障碍可能导致个体对自身情绪状态的误解和困惑，增加情绪波动和心理压力，进而影响个体的生活质量和社会功能。

（二）主要情感认知理论及其要点

情感认知理论是心理学中一个重要的理论框架，它探讨了情感与认知之间的关系，认为情感与思维密切相关并相互影响。主要情感认知理论包括詹姆斯-兰格理论、双因素理论、共情理论和构建性情感理论。这些理论从不同的角度解释了情感和认知的互动关系，并对个体的情感体验和行为产生了深远影响。

詹姆斯－兰格理论提出了情感体验的生理基础。这一理论认为，情感是对生理激发的感知和体验，而生理激发是由外界事件引起的身体反应。换句话说，情感体验是由身体反应所引发的，而这些身体反应又是由外界刺激引起的。詹姆斯－兰格理论强调了情感体验与生理反应之间的密切联系，认为情感是个体对身体反应的感知和诠释。这一理论为理解情感体验的生理基础提供了重要的理论框架。

双因素理论从认知和生理两个层面解释了情感的产生。双因素理论认为，情感的产生需要同时具备生理激发和认知解释两个因素。生理激发是由外界事件引起的身体反应，而认知解释是个体对生理激发的主观评价和诠释。换句话说，情感的产生既依赖于身体的生理反应，又取决于个体对这些生理反应的认知和解释。双因素理论强调了认知在情感产生中的重要性，认为个体对情境的认知解释决定了情感体验的性质和强度。

另一个重要的情感认知理论是共情理论。共情是指个体对他人情感状态的理解和共享，它是一种复杂的认知和情感过程。共情理论认为，共情涉及情感识别、情感理解和情感调节三个主要过程。情感识别是指个体能够识别出他人的情感状态，情感理解是指个体能够理解他人情感的原因和背景，情感调节是指个体能够调节自己的情感反应以适应他人的情感状态。共情理论强调了个体对他人情感的理解和反应，认为共情是一种重要的社会交往能力，能够促进个体之间的情感联系和互动。

构建性情感理论强调了情感体验的主观性和可塑性。这一理论认为，情感体验是由个体对情境的主观解释和评价所决定的，而不是客观情境本身。换句话说，同样的情境对不同的个体可能产生不同的情感体验，这取决于个体对情境的认知和解释。构建性情感理论强调了个体在情感体验中的主动作用，认为个体能够通过认知重构和情感调节来调整自己的情感反应，从而适应不同的情境和要求。

二、情感认知对学习策略与元认知的影响

情感认知在学习策略与元认知方面扮演着重要的角色。情感认知指的是个体对于自己的情绪和情感状态的认知和理解，它与学习过程中的情感体验和情感调节密切相关。学习策略是个体在学习过程中采取的方法和技巧，而元认知是指个体对自己的认知过程的监控和调控能力。情感认知不仅影响着个体选择和使用学习策略的方式，也会对其元认知能力的发展产生影响。

情感认知对学习策略的选择和运用产生着直接的影响。个体的情感状态会影响其学习策略的选择和运用方式。例如，一个处于焦虑状态下的学生可能会更倾向使用避免性学习策略，如死记硬背，以减少焦虑感。相反，一个处于积极情绪状态下的学生可能更愿意采取探索性学习策略，如提出问题、寻找关联等。教育者需要关注学生的情感状态，帮助他们选择适合的学习策略，促进其有效学习。

情感认知与元认知之间存在着相互作用关系。个体的情感状态会影响其对学习过程的监控和调控能力。研究表明，情感稳定的个体更容易调节自己的认知过程，更具有元

认知能力。而情感不稳定或情感压力较大的个体可能会对学习过程产生干扰，降低其元认知能力。情感认知对于个体的元认知能力的发展具有重要的影响。

情感认知也会影响个体对学习目标的设定和追求。情感认知可以激发学习动机，促使个体设定积极的学习目标，并为之努力奋斗。例如，一位对学习充满热情的学生可能会设定高远的学习目标，并积极地追求；相反，情感消极的学生可能会对学习失去兴趣，放弃设定具体的学习目标。情感认知对于个体的学习动机和目标的设定起着重要的调节作用。

第七节 情境学习理论与研究性学习

一、情境学习理论的概述

（一）情境学习理论的基本概念与原理

情境学习理论是一种关于个体学习的理论，强调了学习环境对于知识和技能习得的影响。该理论由美国心理学家阿尔文·古尔德纳提出，他认为学习是一个积极、主动的过程，个体通过与环境的互动来构建知识结构和技能。情境学习理论的核心概念包括情境、任务、参与者以及社会文化因素。

情境是指个体学习的具体环境，包括物理环境和社会环境。物理环境指的是学习者所处的地理位置、教室布置等因素；而社会环境则包括教师、同学以及其他学习者之间的交互。情境不仅仅是学习发生的地方，更是学习的背景和载体。

任务是情境学习理论中的另一个重要概念，指的是学习者在特定情境下所面临的任务或问题。任务可以是教师布置的作业，也可以是学习者自主选择的挑战。通过完成任务，学习者可以获得新的知识和技能，从而提升自己的能力。

情境学习理论强调学习是一个社会性过程，参与者之间的互动对于知识的构建和技能的习得至关重要。在学习过程中，个体不仅是被动接受知识，而且是通过与他人的交流和合作来共同构建意义。合作学习和小组讨论等活动在情境学习理论中占据重要地位。

社会文化因素也被情境学习理论所重视。文化背景、社会认知以及语言等因素都会影响个体的学习方式和成果。在多元文化的环境中，教育者需要考虑到学习者的文化背景，设计相应的教学策略，以促进跨文化交流和理解。

情境学习理论的一个重要原则是"借助于情境的学习"。这意味着学习的效果受到学习环境的影响，学习者在特定的情境下更容易获得和应用知识。教育者需要设计丰富多样的学习情境，以提供学习者全面发展的机会。

在实践中，情境学习理论对于教学方法和教学设计有着重要的指导意义。教育者可以通过创设具有挑战性的任务、提供合作学习的机会以及考虑学习者的文化差异来促进学习效果的提升。同时，利用技术手段，如虚拟现实技术和在线协作工具，也可以为学习者提供更丰富的学习情境，增强他们的学习体验。

（二）主要情境学习理论及其要点

主要情境学习理论，又称环境学习理论，是一种心理学理论，旨在解释个体在不同情境中的学习过程。该理论强调个体与环境之间的相互作用，认为学习是通过与环境的互动而产生的。主要情境学习理论的要点包括情境的重要性、行为的塑造、模仿学习、认知刺激等。

主要情境学习理论强调情境对学习的重要性。情境指的是个体所处的环境，包括物理环境和社会环境。根据该理论可知，个体的学习过程受到情境的影响，不同的情境会对学习产生不同的影响。例如，一个人在家庭环境中学习可能与在学校环境中学习时表现出不同的学习行为。

主要情境学习理论强调行为的塑造。行为的塑造是指个体的行为受到环境刺激的影响而发生改变的过程。根据该理论可知，个体在特定情境中的行为会受到奖励和惩罚的影响，从而增强或减弱某种行为。例如，一个学生在课堂上回答问题被老师表扬后，可能会更加积极参与课堂活动，这就是行为的塑造过程。

主要情境学习理论强调模仿学习。模仿学习是指个体通过观察他人的行为来学习的过程。根据该理论，个体在特定情境中观察到他人的行为，并从中获取信息和技能。例如，一个孩子可能会观察到父母在厨房做饭的过程，并尝试模仿他们的动作和技巧来学习烹饪。

主要情境学习理论强调认知刺激。认知刺激是指个体在学习过程中接收到的有关任务和目标的信息。根据该理论，认知刺激可以影响个体的学习行为和学习结果。例如，一个学生在接收到老师布置的作业任务后，会根据任务的要求和目标来调整自己的学习策略和行为，以达到预期的学习效果。

二、研究性学习任务设计与情境学习理论的契合

研究性学习任务的设计应当充分考虑情境学习理论中的认知、情感和社会因素。任务应当具有真实性和情境性，让学生置身于一个具体的环境中，通过实际问题的解决来获取知识和技能。例如，设计一个社会调查项目，让学生选择一个社会问题进行调查和分析，这样的任务既能培养学生的研究能力，又能增强他们对社会问题的认识和情感的投入。

研究性学习任务设计应当注重任务的开放性和探索性。情境学习理论强调学习是一个积极、主动的过程，学生需要通过探索和发现来构建知识结构。任务设计应当具有一定的开放性，让学生有足够的空间去探索和发现。例如，设计一个开放式的研究项目，让学生自主选择研究方向和方法，这样的任务能够激发学生的求知欲和创造力，促进他们的深度学习。

研究性学习任务设计应当注重任务的合作性和交互性。情境学习理论强调学习是一个社会性过程，学生通过与他人的交流和合作来共同构建知识。任务设计应当鼓励学生之间的合作和交流，让他们在合作中共同探索和解决问题。例如，设计一个小组研究项目，让学生分成小组共同合作，通过讨论和交流来完成研究任务，这样的任务能够培养学生的团队合作能力和交流能力，提高他们的学习效果。

研究性学习任务设计应当注重任务的反思性和评价性。情境学习理论强调学习是一个反思性的过程，学生需要通过反思和评价来加深对知识的理解和应用。任务设计应当包括对学生学习过程的反思和对学生学习成果的评价。例如，设计一个学习日志或学习笔记，让学生定期记录自己的学习心得和体会，同时设计一个评价标准，对学生的学习成果进行评价和反馈，这样的任务能够促进学生的自我认知和自我调整能力，提高他们的学习效果。

（二）情境学习理论对研究性学习的启示

情境学习理论认为学习不仅是被动地接受知识，而且是通过与环境的互动和情境的积极参与来建构知识。对于研究性学习，情境学习理论提供了深刻的启示。

1.情境学习理论中的情境设计对研究性学习环境的影响

情境学习理论强调学习活动应置于真实或近乎真实的情境中，这一理论源于认知心理学和社会文化理论，其核心在于认为知识的获取与使用是情境化的。情境设计在研究性学习环境中起着至关重要的作用，旨在通过营造逼真的学习情境，促进学生深层次的理解和知识的应用。

情境学习理论的基础是知识并非孤立存在，而是嵌入具体的活动、情境和文化中。情境设计不仅仅是提供学习材料，更是创造出一种能够激发学生自主探究、协作学习的环境。在这样的环境中，学习者能够通过参与真实的任务和解决问题活动来建构知识。这种情境化的学习方式有助于提高学生的动机和参与度，从而增强其学习效果。

在研究性学习环境中，情境设计的影响体现在多个方面。情境设计可以促进学生的主动性和探究精神。通过设置具有挑战性和现实意义的任务，学生需要主动获取信息、分析问题、提出假设并进行验证。这种主动探究的过程不仅有助于知识的深层次理解，还能培养学生的批判性思维和解决问题的能力。

情境设计强调协作学习的重要性。在真实的情境中，学习活动往往需要团队合作。通过小组讨论、角色扮演等形式，学生可以分享各自的见解和经验，互相启发和帮助。这种协作学习模式不仅能够增强知识的内化，还能培养学生的团队合作精神和沟通能力。

情境设计能够促进知识的迁移。传统教学模式下，学生往往难以将课堂上学到的知识应用于实际生活中。而通过在真实情境中进行学习，学生能够更好地理解知识的实际应用价值，从而更容易将所学知识迁移到新的情境中。这对于培养学生的综合能力和适应能力具有重要意义。

在具体实施过程中，情境设计需要考虑多方面因素。首先是情境的真实性。设计的情境应尽量贴近真实世界，以便学生能够感受到学习的实际意义。其次是情境的复杂性。过于简单的情境可能无法激发学生的探究兴趣，而过于复杂的情境可能使学生感到困惑和挫败。最后是需要根据学生的认知水平和学习目标，设计适当难度的情境。

情境设计应注重情境的多样性。不同的情境能够提供不同的学习机会，使学生在多种情境中进行知识的建构和应用。例如，科学实验室、社会调查、企业实习等不同类型的情境能够培养学生在不同领域的实践能力。情境设计还应考虑学生的个体差异。不同学生的兴趣、经验和能力各不相同，设计情境时应提供多样化的学习资源和支持，以满足不同学生的需求。

情境设计在研究性学习环境中也面临一些挑战。例如，如何在有限的教学资源和时间内，创建和维护高质量的情境；如何有效评估学生在情境学习中的表现和进步；如何激发和保持学生的学习动机和兴趣。这些问题需要教育工作者和研究者共同探索和解决。

情境设计在研究性学习环境中的作用不仅体现在学生个体层面，还对教育系统和教学方法的创新具有深远影响。通过情境设计，可以推动教学方法从传统的知识传授向知识建构转变，促进教育系统更加注重学生的实践能力和创新能力。这对于培养适应未来社会发展的高素质人才具有重要意义。

2. 情境学习理论中的社会参与与合作对研究性学习的促进作用

情境学习理论强调学习过程嵌入社会互动和合作活动中，通过真实的社会情境来促进知识的内化与应用。在这种理论框架下，社会参与与合作成为研究性学习中的核心要素，对学习者的认知发展和技能提升具有显著作用。

社会参与是情境学习理论的基础，通过参与社会活动，学习者能够接触和理解知识的实际应用。社会参与不仅仅是知识的获取过程，更是通过实践和互动，将理论知识转化为实际能力的重要途径。在研究性学习中，学生通过参与实际的研究项目，与教师和同学共同讨论、合作，能够更好地理解知识的内涵和外延。例如，学生在实验室进行科学实验，通过团队合作解决实际问题，能够激发创造力和批判性思维，同时培养团队协作精神。

合作学习是情境学习理论的另一关键要素，它强调在合作过程中知识的共享和共同构建。在研究性学习中，学生通过小组讨论、合作探究等形式，相互交流观点和经验，这不仅有助于知识的深化理解，也能通过相互激励和支持，提高学习动机和自信心。研究表明，合作学习环境中的学生更能够发展出解决问题的能力和创新思维，这些技能在独立学习环境中难以获得。

社会参与与合作在研究性学习中促进了学习者的社会认同和角色转换。通过参与团队合作，学生能够体验不同的角色，从而理解和掌握多种视角下的知识和技能。角色的转换和多样化的社会身份有助于学生在未来职业生涯中更加灵活和适应多变的工作环境。例如，一个学生在科研项目中既担任数据分析的角色，又参与报告撰写和结果展示，这样能够全面提升综合能力。

情境学习理论还强调学习是一个动态的、不断发展的过程，社会参与与合作在这一过程中起到了桥梁和纽带的作用。在研究性学习中，学习者通过与导师、同学以及相关领域专家的互动，不断调整和更新自己的知识体系和研究方法。这种动态的学习过程能够确保学习者始终处于知识前沿，使其具备持续学习和自我更新的能力。

社会参与与合作还能够有效提升学习者的动机和兴趣。在研究性学习中，通过共同探讨和解决实际问题，学生能够感受到学习的价值和意义，从而增强内在动机。例如，在一个环境保护研究项目中，学生通过实地调查和数据分析，能够看到自己研究成果对实际问题的影响，从而产生更强的学习动力和使命感。

情境学习理论中的社会参与与合作还强调了反馈的重要性。在研究性学习中，学生通过与他人合作，可以获得及时的反馈和指导，从而更快地发现和纠正错误，优化学习效果。合作学习中，师生之间、同学之间的互动不仅促进了知识的传递，更重要的是通过反馈机制，帮助学习者不断反思和改进。例如，学生在团队项目中通过同伴的评估和导师的反馈，可以不断改进研究设计和方法，提高研究质量。

研究性学习中，社会参与与合作还促进了跨学科知识的整合和应用。在实际研究项目中，学生往往需要综合运用多学科的知识和方法，通过合作学习，学生能够从不同学科背景的同学和导师那里获得新的视角和解决问题的思路。这种跨学科的合作不仅拓宽了学生的知识面，也培养了综合运用知识解决复杂问题的能力。例如，在一个城市规划研究项目中，学生需要运用地理、经济、社会学等多学科知识，通过团队合作，整合各方意见和建议，制定出切实可行的方案。

情境学习理论中的社会参与与合作还增强了学生的社会责任感和团队意识。在研究性学习中，通过共同参与和合作，学生能够理解团队合作的重要性，培养合作精神和责任感。通过参与社会问题的研究，学生不仅提高了自身的学术能力，更增强了社会责任感和公民意识。例如，学生在参与社区发展研究项目时，通过与社区居民的互动和合作，能够更深刻地理解社会问题，增强解决实际问题的能力。

第三章　研究性学习环境构建

第一节　创设积极的学习氛围

一、营造学习友好的环境

（一）舒适的学习设备

舒适的学习设备应当具备良好的人体工学设计。人体工学设计考虑了人体结构和动作的特点，以确保使用者在长时间使用设备时能够保持舒适的姿势和状态。例如，笔记本电脑的键盘设计应当符合人手的自然曲线，以减少手腕疲劳；椅子和桌子的高度应当能够使使用者保持正确的坐姿，以减少腰背部的压力。这样的设计可以有效地减少学习过程中的不适感，提升学习效率。

舒适的学习设备应当具备良好的视觉和听觉体验。视觉和听觉是人们获取信息的重要途径，因此学习设备的显示屏和音响设备应当具备良好的性能，以提供清晰、逼真的视听体验。例如，显示屏的分辨率应当足够高，色彩饱和度和对比度应当适宜，以确保用户可以清晰地看到屏幕上的内容；音响设备的音质应当清晰且平衡，以确保用户可以听到清晰的声音，而不会产生听觉疲劳。这样的设计可以使学习过程更加愉悦和有效。

舒适的学习设备应当具备良好的操作性和响应速度。操作性指的是设备的操作界面和操作流程是否简单易懂，用户能否快速上手；响应速度指的是设备的反应速度是否快速，用户操作设备时是否会出现卡顿和延迟。良好的操作性和响应速度可以减少学习过程中不必要的等待时间和操作困难，提升学习效率。例如，学习软件的界面设计应当简洁明了，功能布局应当合理；学习设备的处理器和内存应当足够强大，以确保能够流畅运行各种学习应用程序。

舒适的学习设备应当具备良好的安全性和可靠性。安全性指的是设备在使用过程中是否会对用户造成身体伤害或信息泄露等安全隐患；可靠性指的是设备在使用过程中是否会出现故障或崩溃等可靠性问题。良好的安全性和可靠性可以保障学习过程的顺利进行，避免因设备故障而造成学习中断或信息丢失的情况。例如，学习设备应当具备防护功能，如防眩光屏幕、防水防尘等；学习设备的硬件和软件应当经过严格的质量控制和测试，以确保其稳定性和耐用性。

（二）自然光和良好通风

自然光有助于提升学生的学习效果。研究发现，充足的自然光可以提高注意力和记忆力。自然光能够调节人体的生物钟，帮助学生保持清醒和集中。同时，充足的光线能减少眼睛疲劳，减轻长时间阅读和书写带来的视觉压力。与人工照明相比，自然光的光谱更接近太阳光，能够提供更舒适的光环境。

自然光还能改善学生的心理状态。明亮的环境能带来愉悦的情绪，有助于减轻压力和焦虑。学生在光线充足的教室中，更容易感受到积极的学习氛围，提高参与度和学习动机。特别是冬季，充足的阳光还能预防季节性情感障碍，保障学生的心理健康。

良好的通风同样是营造舒适的学习环境的重要因素。新鲜的空气流通可以有效减少空气中的二氧化碳浓度，提高氧气含量，从而促进大脑功能。研究表明，通风良好的教室有助于提升学生的认知能力和反应速度。适当的通风能够调节室内温度和湿度，提供一个舒适的学习环境。过高或过低的温度都会影响学生的专注力和舒适感，而适宜的温度能使学生更专注于学习任务。

良好的通风系统还能减少空气中的污染物和过敏原。教室内的空气污染，如灰尘、霉菌和挥发性有机化合物，可能引起呼吸道问题和过敏反应，影响学生的健康和出勤率。新鲜空气的流通能有效降低这些有害物质的浓度，创造一个更健康的学习环境。

从长远来看，自然光和良好的通风对学生的全面发展都有积极影响。自然光促进维生素D的合成，增强骨骼健康和免疫力；而良好的通风有助于减少传染病的传播，保障学生的身体健康。健康的身体是学习的基础，只有在健康的状态下，学生才能更好地发挥潜力。

这些因素还影响到学校的能源效率和可持续发展。利用自然光可以减少对人工照明的依赖，从而降低能源消耗和碳排放。良好的通风设计则能减少空调和取暖设备的使用，进一步提高能源利用效率。学校在设计和改造过程中，应重视自然光和通风的利用，不仅是为了学生的学业着想，也是为了环境保护和可持续发展。

二、鼓励学习的态度和行为

（一）积极的学习态度

积极的学习态度包括好奇心、自信心、坚持不懈和主动性等方面。好奇心驱使学生对未知领域产生浓厚的兴趣，激发他们去探究和发现新知识。自信心则让学生相信自己能够克服学习中的困难和挑战，从而增强学习的动力和毅力。坚持不懈的精神更是帮助学生在面对挫折和失败时不轻言放弃，继续努力。主动性体现为学生在学习过程中主动获取信息、提出问题、寻求帮助和进行反思。

影响学生学习态度的因素主要有家庭环境、学校教育和个人特质。家庭环境对学生的学习态度起着重要的基础作用。家长的教育观念、支持与期望、学习氛围等都会影响学生对学习的态度。学校教育在学生学习态度的培养中起到关键作用。教师的教学方式、课堂氛围、师生关系等都对学生的学习态度产生直接影响。个人特质如性格、兴趣、认知风格等也在一定程度上决定了学生的学习态度。

要培养学生积极的学习态度，需要从多个方面进行努力。首先，家长应营造一个支持和激励的家庭学习环境。其次，家长可以通过与孩子共同制定学习计划、提供学习资源、鼓励孩子自主学习等方式，培养孩子对学习的兴趣和热情。最后，家长的积极参与和关心能够增强孩子的自信心和学习动机，使其形成良好的学习习惯。

教师应注重教学方法的创新和课堂氛围的营造。教师可以通过多样化的教学手段，如合作学习、项目学习、探究式学习等，激发学生的学习兴趣和主动性。创建一个积极、开放、互动的课堂氛围，使学生感受到学习的乐趣和成就感，从而增强他们的学习动机和坚持不懈的精神。

教师应注重与学生的沟通和情感支持。建立良好的师生关系，使学生感受到被尊重和理解，增强其对学习的信心和积极性。教师可以通过个别辅导、课堂讨论、及时反馈等方式帮助学生解决学习中的困难和疑惑，激励学生不断进步。

学校还应提供丰富的课外活动和实践机会，拓展学生的学习渠道，拓宽学生的学习视野。通过参加社团活动、社会实践、科学实验等，学生能够在实际情境中运用所学知识，增强对学习的兴趣和积极性。同时，这些活动还能够培养学生的团队合作精神、领导能力和创新思维，为其综合素质的发展提供有力的支持。

学校和教师应注重学生个体差异，因材施教。每个学生的兴趣、能力和学习风格各不相同，教师应根据学生的特点，提供个性化的学习支持和指导。例如，对于对某一领域有特别兴趣的学生，可以提供更多的学习资源和机会，帮助其深入研究和发展。

积极的学习态度不仅有助于学生成绩的提升，而且对学生的身心健康和人格发展有重要影响。积极的学习态度可以增强学生的自我效能感，使其在面对挑战和困难时更具信心和毅力。它还能促进学生的心理健康，减少学习压力和焦虑，使学生在愉快的情绪中进行学习。积极的学习态度还能够培养学生的责任感和独立性，使其在未来的学习和生活中更具适应能力和竞争力。

通过多种方法鼓励学生形成积极的学习态度和行为，需要教育者、家长和社会的共同努力。教育者应不断更新教育理念和教学方法，关注学生的全面发展。家长应积极参与和支持孩子的学习，提供良好的家庭教育环境。社会应营造良好的学习氛围，提供丰富的学习资源和机会，为学生的成长和发展提供支持。

（二）设定明确的学习目标

设定明确的学习目标和鼓励积极的学习态度与行为是教育成功的关键因素。明确的学习目标有助于学生集中精力、规划学习进程，并激发内在学习动机。积极的学习态度和行为则是实现目标的动力来源，能够推动学生不断进步，克服困难，取得卓越的学习成果。

明确的学习目标为学生提供了清晰的方向和具体的努力目标。目标的设定需要具体、可衡量、可实现、相关性强和有时间限制，即 SMART 原则。例如，目标可以设定为在一个月内掌握特定科目的基础知识，或在一学期结束前提高某项技能的熟练度。具体的目标使学生能够更好地规划学习步骤，明确每天或每周需要完成的任务，有助于培养其自律和时间管理能力。

明确的学习目标还能够增强学习者的内在动机。研究表明，当学生清楚知道自己的学习目的时，会更加专注和投入。例如，知道自己学习数学是为了将来从事工程师职业，或学习外语是为了留学和跨文化交流，这些明确的目标会使学生更加积极、主动地参与学习活动，增强持久的学习动力。

设定的学习目标不仅有助于个人成长，还能够提升学习效率。学生在学习过程中遇到的困难和挑战，常常因为目标不清晰或不切实际而变得难以克服。明确的目标可以帮助学生更好地分解任务，并逐步实现。例如，将一个大目标分解成多个小目标，每完成一个小目标都能带来成就感，从而激励学生继续前进。这种分阶段的学习方法不仅能减少压力，还能提高学习效果。

明确的学习目标可以帮助学生进行有效的自我评估和反馈。学生在学习过程中，通过对照目标，能够及时发现自己的进步和不足，并据此调整学习策略。例如，定期进行自我测试或阶段性评估，能够帮助学生掌握学习进度，及时纠正错误，提高学习效果。自我评估还能够培养学生的反思能力，使他们在学习中更加自主和独立。

鼓励积极的学习态度和行为是实现学习目标的重要保障。积极的学习态度包括对知识的兴趣和求知欲，面对困难和挑战时的坚持不懈，以及对学习过程的积极参与和投入。学习行为则是指具体的学习行动和策略，如有效的笔记方法、积极的课堂参与、合理的时间安排等。

培养积极的学习态度需要营造一个支持和鼓励的学习环境。教师和家长的支持和激励在其中起到了关键作用。例如，教师可以通过表扬和奖励来激发学生的学习热情，家长则可以通过关心和鼓励来支持孩子的学习努力。学校可以组织各种形式的学术活动和竞赛，激发学生的学习兴趣和竞争意识，从而增强学习动机。

积极的学习行为同样需要通过实践和习惯的养成来实现。例如，良好的学习习惯包括每天固定时间学习、制订学习计划、主动预习和复习、积极参与课堂讨论等。这些行为不仅能够提高学习效率，还能够培养学生的自主学习能力和自律精神。

培养积极的学习态度和行为的重要途径之一是设定适当的挑战和任务，使学生在克服困难中体验成就感。例如，教师可以根据学生的能力水平，设置不同难度的任务，既要避免任务过于简单而导致学生失去兴趣，又要避免任务过于困难而导致学生产生挫败感。通过逐步增加任务的难度，使学生在不断克服挑战中获得成就感和自信心，从而激发更高的学习热情。

建立良好的同伴学习和合作氛围也是激发积极的学习态度和行为的重要手段。同伴之间的相互支持和竞争能够激发学习动力，增强学习效果。例如，小组讨论、合作项目、同伴辅导等学习活动，能够促进学生之间的交流和合作，激发学习兴趣和动力。同时，同伴之间的相互监督和鼓励，也能够帮助学生克服学习中的困难和挑战，提高学习效果。

现代教育技术的发展为培养积极的学习态度和行为提供了新的手段。通过在线学习平台、互动学习软件等现代教育技术，学生能够更加便捷地获取知识，参与互动学习，提高学习的自主性和积极性。例如，利用在线测试和即时反馈系统，学生能够及时了解自己的学习情况，调整学习策略，提高学习效率。

第二节 建设研究性学习的场所与资源

一、建设研究性学习的场所类型

（一）图书馆

图书馆作为知识的宝库和学习的圣地，在新时代下正逐步转变为多功能的研究性学习场所。研究性学习不仅依赖于丰富的文献资源，更需要多样化的空间设计和配套设施。不同类型的学习场所能够满足各类研究需求，促进学术交流和创新思维。

安静的自习区是图书馆的核心区域之一。对于需要专注阅读和深度思考的学生和研究人员而言，一个安静、不受干扰的环境至关重要。自习区通常设有单人桌椅，配备充足的照明和电源插座，以便读者可以长时间使用电子设备进行学习和研究。良好的隔音措施和舒适的座椅设计也能提高学习效率和舒适度。

开放式学习空间作为现代图书馆的一大特色，满足了合作学习和小组讨论的需求。这类空间通常布置成开放式座位，配备移动桌椅，允许读者自由组合和重组。这种灵活的设计不仅适合小组讨论和项目合作，还能激发创新和团队合作精神。开放式学习空间往往设有白板、显示屏等辅助设备，方便读者进行讨论和展示。

图书馆中的多媒体资源区也是研究性学习的重要组成部分。随着数字化和信息技术的发展，多媒体资源在学术研究中的应用越来越广泛。多媒体资源区通常配备计算机、扫描仪和高质量打印机，提供访问电子书、期刊数据库和视频资源的条件。通过这些设备，读者可以方便地查找和使用各种数字资源，从而提高研究效率。

研究室和个人工作站为那些需要专注进行长期研究的人员提供了理想的环境。这些独立的空间通常配有舒适的座椅、大量的书架和工作台，适合存放和使用大量的研究资料。部分研究室还配有电脑和专业软件，以满足特定学术领域的需求。独立的研究环境不仅能提高研究者的工作效率，还能保护其研究的隐私和资料的安全。

为满足科研人员和学生对特定主题和领域的深入研究需求，图书馆还设立了专题资料区。这些区域集中收藏了某一学科或主题的文献资源，便于读者系统地进行查阅和研究。专题资料区通常布置有专门的书架和阅览桌椅，形成一个相对独立的学习环境，促进读者对特定领域的深入探索。

现代图书馆还引入了创客空间（Makerspace），为那些对创意和动手实践感兴趣的读者提供了一个开放的实验平台。创客空间配备了3D打印机、激光切割机、电子设备和工具箱等设备，支持各类创意项目和实验活动。通过动手实践，读者可以将理论知识应用于实际操作，培养创新能力和解决问题的技能。

图书馆中的研讨室是举办小型学术研讨会、工作坊和专题讲座的理想场所。这些房间通常配备投影仪、音响系统和网络连接，能够满足多媒体演示和远程交流的需求。研讨室的灵活使用不仅能促进学术交流和思想碰撞，还能为读者提供更多的学习和研究机会。

在图书馆的整体设计中，环境的舒适度和人性化设施也是至关重要的。舒适的座椅、充足的照明和良好的通风系统能够提高读者的学习体验。图书馆中的休闲区和咖啡吧提供了一个放松和社交的场所，使读者在学习间隙中获得身心放松和能量补充。

图书馆的服务设施同样是提升研究性学习质量的重要因素。现代图书馆提供一系列便捷的服务，如自助借还书系统、电子资源访问、文献传递和学术咨询等。这些服务不仅简化了读者获取信息和资源的过程，还提供了专业的学术支持，帮助读者解决在研究过程中遇到的各种问题。

（二）实验室

基础实验室是最为常见的类型之一。这类实验室通常配备基本的科研设备和工具，用于学生进行实验操作和基础科学研究。基础实验室的建设旨在为学生提供实践操作的机会，加深他们对于学科知识的理解。例如，化学实验室、物理实验室和生物实验室都属于这一类型。

高端科研实验室则提供了更先进的设备和技术支持。这类实验室通常由大学、研究机构或跨国公司建设，用于进行前沿科学研究和技术创新。高端科研实验室的建设需要大量的投资，但也为科研人员提供了最先进的实验条件和平台。例如，基因编辑实验室、纳米技术实验室就属于高端科研实验室的范畴。

近年来跨学科实验室是逐渐兴起的一种类型。这类实验室打破了学科之间的界限，集结了来自不同学科背景的研究人员进行合作研究。跨学科实验室的建设旨在促进不同学科之间的交流与合作，推动跨学科研究的发展。例如，生物医学工程实验室、可持续发展实验室就是跨学科实验室的典型代表。

虚拟实验室是一种基于网络和虚拟技术构建的新型实验室。这类实验室不受地理位置的限制，学生可以通过互联网进行远程实验操作和数据分析。虚拟实验室的建设可以极大地拓宽学生的实验范围，促进他们的自主学习和探究精神。例如，虚拟化学实验室、虚拟物理实验室等都是应用广泛的虚拟实验室类型。

二、建设研究性学习的资源提供

（一）图书与期刊

图书作为传统的知识载体，涵盖了广泛的学科领域和丰富的知识内容。它们通过系统性的知识组织和详细的解释，为学生提供了全面、深入的学习材料。在研究性学习中，图书不仅是获取基础知识的重要途径，还能为学生提供深入研究的理论框架和背景资料。例如，经典著作和学术专著常常包含了丰富的理论分析和实证研究，为学生理解复杂的学术问题提供了宝贵的参考。

期刊则是学术研究的前沿阵地，刊载着最新的研究成果和学术动态。期刊文章通常具有较高的学术水平和研究价值，通过阅读期刊，学生可以了解学术界最新的研究进展和热点问题，从而拓宽视野，激发研究兴趣。在研究性学习中，期刊文章的引用和分析不仅能增强学生的学术素养，还能培养其批判性思维和创新能力。

为了有效利用图书与期刊资源，学校和教育机构应建立完善的图书馆和数字资源平台。现代化的图书馆不仅要藏书丰富，还应提供便捷的检索和借阅服务，使学生能够轻松获取所需资料。数字资源平台可以通过网络提供电子图书和期刊数据库，方便学生随时随地进行资料查阅和研究。这些平台应包含多个学科领域的资源，确保学生能够找到与其研究课题相关的最新资料。

在研究性学习过程中，指导教师应引导学生合理利用图书与期刊资源。教师可以通过推荐阅读清单、指导文献综述等方式，帮助学生掌握有效的文献检索和阅读技巧。例如，教师可以教导学生如何利用关键词进行检索，如何筛选和评估文献的学术价值，以及如何进行有效的文献笔记和摘要整理。这些技能对于学生在研究性学习中的成功至关重要。

学生在利用图书与期刊资源时，应注重培养良好的阅读习惯和研究方法。学生应学会选择适合自己研究需求的图书和期刊文章。不同的研究课题和学习阶段，需要不同类型的文献资源。例如，初学者可以选择综合性较强的教科书和综述性文章；而高级研究者则需要阅读更多的专业期刊和原创性研究论文。学生应学会批判性阅读，善于质疑和分析文献中的观点和数据，培养独立思考和判断能力。

在研究性学习中，图书与期刊不仅是知识获取的工具，还可以成为学生进行学术交流和讨论的平台。通过读书会、学术沙龙等形式，学生可以分享阅读心得和研究发现，进行观点交流和学术探讨。这不仅能够加深对图书和期刊内容的理解，还能激发思维碰撞和创新思维，促进团队合作和学术交流。

为了充分发挥图书与期刊在研究性学习中的作用，学校应鼓励学生积极参与学术活动，如论文写作比赛、科研项目等。这些活动能够激发学生的学习兴趣和研究热情，提升其综合素质和实践能力。通过这些活动，学生可以将图书与期刊中的知识应用于实际研究，增强理论联系实际的能力。

图书与期刊资源的建设和利用不仅限于校内，还应拓展到校外资源的整合与合作。例如，学校可以与高校、科研机构、图书馆等合作，建立资源共享平台，扩大图书与期刊的获取途径和范围。学校还可以邀请专家、学者举办讲座和交流，提供学术指导和支持，帮助学生更好地利用图书与期刊进行研究学习。

学生在研究性学习中利用图书与期刊资源时，应注重遵守学术规范和道德准则。正确引用文献、尊重知识产权、避免抄袭和学术不端行为，是每个学生应具备的基本学术素养。这不仅是对他人劳动成果的尊重，也是维护学术诚信和公正的重要保证。

（二）电子数据库

电子数据库在建设研究性学习的资源提供方面具有重要作用，它通过整合和共享丰富的学术资源，为研究性学习提供了坚实的基础和便利的途径。电子数据库不仅大大提升了资源的可获取性，还促进了知识的传递和创新，对现代教育和学术研究的发展具有深远的影响。

电子数据库首先能够提供多样化的学术资源，这包括期刊文章、会议论文、学位论文、图书、数据集等多种形式。这些资源覆盖了广泛的学科领域，满足了不同的研究方向和研究需求。例如，数据库如 PubMed 提供了生物医学领域的最新研究成果；EEE Xplore 则涵盖了工程和计算机科学方面的前沿论文。通过访问这些数据库，研究者能够获取最新的科研动态，追踪学术前沿，从而激发新的研究思路和创新。

电子数据库还具有高效的信息检索功能，使得研究者能够快速找到相关的文献和资料。现代数据库通常配备了强大的检索引擎和多种检索方式，如关键词检索、主题检索、作者检索等，使得信息查找更加便捷和精准。例如，Google Scholar 和 Web of Science 不仅提供基本的关键词检索，还支持引文追踪和相关文献推荐功能，帮助研究者全面了解某一研究领域的知识体系和研究脉络。这种高效的检索功能显著提高了研究效率，节省了时间成本，使研究者能够将更多精力投入研究本身。

通过电子数据库，研究者可以进行深入的文献综述和系统的文献回顾。文献综述是研究工作的重要组成部分，它帮助研究者梳理已有的研究成果，找出研究空白和未来研究方向。电子数据库中的丰富资源和高效检索功能，使得研究者能够全面收集和分析相关文献，形成系统的综述报告。例如，Cochrane Library 提供了大量系统性综述和元分析报告，是医学研究者进行文献综述的重要工具。通过深入的文献综述，研究者不仅能够掌握研究领域的现状和趋势，还能为自己的研究奠定坚实的理论基础。

电子数据库还为数据驱动的研究提供了重要支持。现代科学研究越来越依赖数据的收集和分析，电子数据库中的数据集资源为研究者提供了丰富的研究素材。例如，数据库如 Data.gov 和欧洲开放数据门户提供了大量的公共数据集，涵盖了经济、环境、社会等多个领域。研究者可以利用这些数据进行实证研究和数据分析，验证理论假设，探索新发现。一些专业领域的数据库，如 GenBank 的基因序列数据，为生物学和医学研究提供了宝贵的数据资源。这些数据集不仅提高了研究的科学性和可靠性，还促进了跨学科的研究合作和创新。

电子数据库的共享功能也促进了学术交流和合作。通过电子数据库，研究者能够方便地分享和交流研究成果，促进学术讨论和知识传播。例如，开放获取数据库如 arXiv 和 SSRN，允许研究者免费发布和获取最新的研究论文，这一举措推动了学术界的信息共享和合作创新。这种开放和共享的模式不仅加快了知识的传播速度，还提高了研究的透明度和可信度，推动了学术界的整体进步。

电子数据库在教育领域的应用也越来越广泛，为学生的研究性学习提供了重要支持。学生通过访问电子数据库，可以获取大量的学术资源和研究资料，提升学术素养和研究能力。例如，学生在撰写学术论文时，可以通过电子数据库查找和引用相关文献，增强论文的理论深度和学术价值。电子数据库中的在线课程和教学资源，如 Coursera 和 edX，提供了丰富的学习素材和学习机会，帮助学生深入理解学术知识，提升自主学习能力。

电子数据库还促进了教育公平和知识普及。传统的学术资源获取往往受到地域和经济条件的限制，而电子数据库的出现打破了这种局限，使得更多的人能够平等地获取和利用学术资源。例如，一些发展中国家的学生和研究者通过访问开放数据库，能够获取与发达国家同行同等水平的学术资源，提升了学术研究和教育水平。电子数据库在知识普及和教育公平方面的贡献，不仅推动了全球学术界的发展，也促进了社会的进步和公平。

在电子数据库的建设和管理中，信息技术的应用起到了关键作用。先进的数据库管理系统和信息检索技术，使得电子数据库能够高效地存储、管理和检索大量的学术资源。例如，人工智能和大数据技术的应用，使得数据库能够自动分类和推荐相关文献，提升了用户的体验和检索效率。云计算技术的应用，则使得数据库能够提供更大规模的存储和计算资源，支持海量数据的存储和高效处理。信息安全技术的应用，确保了数据库中学术资源的安全和隐私保护，为研究者提供了可靠的学术支持环境。

然而，电子数据库在建设和管理中也面临一些挑战。例如，如何保证数据库中信息的准确性和权威性，是一个重要的问题。学术资源的质量和可信度直接影响到研究的科学性和可靠性。为此，数据库需要建立严格的审核机制，确保资源的高质量和可信度。如何保护知识产权和用户隐私，也是数据库管理中需要解决的问题。合理的版权保护措施和隐私保护政策，能够保障研究者的合法权益，促进学术资源的健康发展。

未来，电子数据库在研究性学习中的作用将更加重要。随着信息技术的发展和学术资源的不断丰富，电子数据库将进一步提升资源的获取和利用效率，推动学术研究和教育的发展。新技术的应用，如人工智能、区块链和物联网等，将为电子数据库的发展带来新的机遇和挑战。例如，人工智能技术可以实现更智能的文献推荐和知识图谱构建；区块链技术可以提高学术资源的可信度和透明度；物联网技术可以实现学术资源的更广泛获取和共享。

第三节 利用技术手段促进研究性学习

一、数字化资源的利用对研究性学习的促进

（一）网络搜索引擎的优化利用

网络搜索引擎的优化利用对研究性学习的促进是当前教育领域的一个重要议题。随着互联网的普及和信息技术的发展，学生和研究人员能够更加便捷地获取各种学术资源和信息，网络搜索引擎作为信息检索的主要工具，起到了至关重要的作用。

搜索引擎的优化利用提高了学生和研究人员获取信息的效率。通过搜索引擎，用户可以快速、准确地定位到所需的学术资料和研究成果，节省了大量的时间和精力。优化的搜索算法和智能推荐系统能够根据用户的检索历史和偏好，提供个性化的搜索结果，帮助用户更快地找到感兴趣的内容。这种高效的信息检索方式为学术研究提供了强有力的支持，促进了研究性学习的开展。

搜索引擎的优化利用拓展了学术资源的获取途径。传统的学术资源主要集中在图书馆和学术期刊等渠道，而通过搜索引擎，用户可以轻松地访问到全球范围内的学术数据库、在线图书馆和开放获取期刊等资源。这些资源的丰富性和多样性为学生和研究人员提供了更广阔的学术视野和研究空间，有助于他们深入探索感兴趣的学科领域，开展更有深度和广度的研究工作。

搜索引擎的优化利用促进了学术交流和合作。通过搜索引擎，用户可以轻松地查找到与自己研究领域相关的学者、机构和研究项目，了解到最新的学术动态和研究进展。同时，搜索引擎还提供了各种学术社交平台和在线论坛，使用户能够与同行进行交流和讨论，分享自己的研究成果和想法。这种开放式的学术交流和合作模式促进了知识的共享和创新，推动了学术研究的发展。

搜索引擎的优化利用促进了信息素养和学术技能的培养。通过搜索引擎，用户不仅能够获取到所需的学术资源和信息，还可以学习到信息检索和评估的技巧，提高自己的信息素养水平。在搜索过程中，用户需要对检索的关键词进行准确选择和合理组合，筛选和评估搜索结果的可信度和权威性，这些操作都需要一定的信息素养和学术技能。通过不断地使用和探索搜索引擎，用户可以逐步提升自己的信息素养，培养批判性思维和学术研究能力。

搜索引擎的优化利用还促进了教育资源的共享和开放。随着开放教育资源（OER）和开放获取（OA）运动的发展，越来越多的教育资源和学术成果免费向公众开放。通过搜索引擎，用户可以方便地访问到这些开放教育资源和学术文献，充分利用网络空间中的共享资源，拓宽自己的学习和研究范围。这种开放式的教育资源共享模式为广大学生和研究人员提供了更多的学习机会和发展空间，促进了教育的普及和公平。

（二）在线学术数据库的使用技巧

在线学术数据库是当今学术界不可或缺的资源之一，它们为学术研究提供了广泛的文献资源和信息检索平台。掌握在线学术数据库的使用技巧对于促进研究性学习至关重要。通过灵活运用数据库的功能和工具，研究者能够更加高效地获取、管理和利用学术信息，从而提升其研究水平和学术成就。

了解数据库的结构和分类是使用的关键。不同的学术数据库可能以期刊、论文、专著、会议论文等形式组织信息，而且涵盖的学科范围也有所不同。研究者需要根据自己的研究领域和需求选择合适的数据库进行检索。例如，Scopus、Web of Science、PubMed 等是涵盖广泛的跨学科学术数据库，而 IEEE Xplore、ScienceDirect 等更加专注于特定领域的学术资源。

熟练掌握检索技巧是提高检索效率的关键。在进行检索时，研究者可以利用关键词、主题词、作者、期刊名称等信息来缩小检索范围，从而快速找到相关文献。还可以利用高级检索功能进行精细化检索，例如按照时间范围、文献类型、作者机构等进行筛选，以确保检索结果的准确性和全面性。

善于利用数据库的引文分析功能可以帮助研究者了解文献的学术影响力和研究热点。通过查看某篇文献的引用情况，研究者可以了解到该文献对于该领域的贡献和影响，进而深入挖掘相关研究线索和发展趋势。还可以利用引文分析工具找到与自己研究课题相关的文献和研究团队，为后续研究提供参考和借鉴。

学会利用数据库的个性化服务和工具也可以提高学术研究的效率和质量。一些数据库提供了文献推荐、定制检索、文献管理等功能，研究者可以根据自己的需求进行个性化设置和管理，从而更好地组织和利用学术信息。还可以利用数据库的书签、笔记、标注等功能进行文献管理和知识整理，方便日后的查阅和引用。

积极参与学术社区和交流活动也是提升研究性学习的重要途径。通过参加学术会议、研讨会、学术论坛等活动，研究者可以与同行进行学术交流和合作，拓宽自己的学术视野和拓展自己的人脉资源，从而促进研究思路的碰撞和创新。

二、互动式学习平台的应用对研究性学习的促进

（一）虚拟实验室的设计与运用

虚拟实验室是一种基于计算机仿真技术的教学工具，它通过模拟真实实验场景和操作过程，为学生提供了在实验室中进行实际实验的体验。虚拟实验室具有无须实际设备和材料、成本低廉、安全可控等优点，使学生可以在任何时间、地点进行实验操作，大大扩展了学习的可能性。

虚拟实验室的设计应注重模拟真实实验场景和操作过程。通过逼真的图形界面、交互式操作和多媒体展示，使学生能够感受到仿佛置身实际实验室中的体验。同时，虚拟实验室还应提供详细的实验说明和操作指导，帮助学生理解实验原理和操作方法，引导学生进行科学探究和实验设计。

虚拟实验室的运用可以有效促进研究性学习的开展。虚拟实验室能够提供丰富的实验资源和实验场景，为学生开展独立研究提供了广阔的空间。学生可以根据自己的研究课题和兴趣选择合适的实验项目进行实验设计、数据采集和结果分析，从而深入探究科学问题，培养科学研究的能力。

虚拟实验室还可以解决实验设备和材料的限制问题，使学生能够进行更加多样化和复杂化的实验操作。例如，对于一些昂贵或危险的实验设备，学生可能无法在实验室中进行实际操作，而通过虚拟实验室，他们可以安全地进行模拟操作，获取实验数据并进行分析。

（二）在线讨论论坛互动式学习平台的建设与管理

在线讨论论坛和互动式学习平台作为现代教育的重要组成部分，对研究性学习的促进具有显著的作用。它们为学生提供了一个开放、灵活的学习环境，通过互动交流和合作共享，激发学生的学习兴趣和动力，促进他们主动参与学术探究和知识创新。

在线讨论论坛和互动式学习平台为学生提供了一个开放、自由的学习空间，鼓励他们自主探索和独立思考。而在线讨论论坛和互动式学习平台打破了这种传统教学模式的束缚，为学生提供了一个可以自由表达观点、分享经验、提出问题的平台。学生可以根

据自己的兴趣和需求选择感兴趣的话题进行讨论和交流，主动参与学习过程，从而培养了他们的自主学习能力和学术探究精神。

在线讨论论坛和互动式学习平台促进了学生之间的互动交流和合作学习。研究表明，学生在学习过程中通过与同伴的交流和合作，能够更好地理解知识，提高学习效果。在线讨论论坛和互动式学习平台为学生提供了一个即时互动的平台，使他们能够随时随地与同学和教师进行交流和讨论。通过在线讨论，学生能够分享彼此的学习体会和心得，相互启发，共同解决问题，促进他们的思想碰撞和知识共享。这种合作学习的模式不仅能够提高学生的学习效率，还能够培养他们的团队合作能力和交流能力，为他们未来的学习和工作奠定良好的基础。

在线讨论论坛和互动式学习平台拓展了学生的学习资源和学习渠道。在传统教学中，学生往往局限于教材和课堂讲义，缺乏多样化的学习资源和实践机会。而在线讨论论坛和互动式学习平台为学生提供了丰富多样的学习资源和学习机会。通过在线讨论论坛，学生可以获取来自不同地区、不同背景的同学和教师的观点和经验，拓宽了他们的视野和思路。同时，互动式学习平台也提供了丰富多样的学习内容和学习工具，如在线课程、视频教学、模拟实验等，满足了不同层次的学生、不同的学习需求，丰富了学习资源，提升了学习体验。

在线讨论论坛和互动式学习平台提供了个性化的学习支持和指导服务。在传统教学中，教师往往难以满足每个学生的个性化学习需求，学生也很难得到及时的学习支持和指导。而在线讨论论坛和互动式学习平台通过引入智能化的学习系统和个性化的学习方案，为学生提供个性化的学习支持和指导服务。例如，一些在线学习平台通过学生的学习行为和学习数据，为其量身定制学习路径和学习计划，推荐适合其水平和兴趣的学习内容和学习资源，提供个性化的学习建议和反馈。这种个性化的学习支持和指导服务能够帮助学生更好地理解学习内容，提高学习效果，增强学习动力。

第四节　学科整合与跨学科学习

一、学科整合对研究性学习环境构建的意义

（一）促进综合思维

促进综合思维和学科整合在研究性学习环境构建中具有重要的意义。随着知识的不断扩展和学科的交叉融合，传统的学科分类已经不能完全满足现实世界的复杂性和多样性。将不同学科之间的知识和方法进行整合，促进综合思维的发展，对于培养学生的创新能力和解决问题的能力具有至关重要的作用。

学科整合有助于打破学科之间的界限，促进综合思维的形成。传统的学科分类往往使学生过于专注于某一领域的知识和技能，而忽视了不同学科之间的联系和相互作用。通过学科整合，可以将不同学科的知识和方法有机地结合起来，形成更加综合的学习内容和教学模式。这种跨学科的学习方式能够激发学生的思维活力，培养其跨学科思维和创新思维，从而更好地适应未来社会和职业发展的需要。

学科整合能够增加知识的深度和广度。在学科整合的教学模式下，学生不仅能够接触到自己所学专业领域的知识，还能够了解到其他学科领域的相关知识和方法。这种跨学科的知识获取方式能够拓宽学生的学习视野，使其在多个领域都有一定的了解和掌握。同时，学科整合也能够促进学生对知识的深度思考和综合运用，培养其对问题的全面分析和综合解决能力。

学科整合还能够促进学生的跨文化交流和合作能力的发展。在跨学科的学习环境中，学生往往需要与来自不同学科和不同文化背景的同学进行合作和交流。通过与他人的交流和合作，学生不仅能够学习到他人的专业知识和技能，还能够了解到不同文化之间的差异和共同点。这种跨文化的交流和合作能力对于学生未来的国际化发展和职业发展具有重要意义。

学科整合还能够促进学校教育改革和课程创新的发展。随着社会的变革和科技的发展，传统的学科分类已经不能完全适应未来社会和职业的需求。学校需要不断探索和尝试新的教学模式和课程设置，促进跨学科教育和综合能力培养。学科整合为学校教育改革提供了重要的思路和方法，这有助于推动学校教育向更加综合、开放和创新的方向发展。

（二）拓宽知识领域

拓宽知识领域和学科整合对于构建研究性学习环境具有重要的意义。在当今知识爆炸和跨学科交叉的背景下，单一学科的知识已经不能满足复杂问题的解决和创新的需求。跨学科整合成了推动学术研究和教育发展的重要趋势之一。通过拓宽知识领域和促进学科整合，可以为研究性学习提供更广阔的视野和更丰富的资源，激发学生的创新思维和跨学科合作能力。

拓宽知识领域可以打破学科的壁垒，促进知识的交叉融合。不同学科之间存在着丰富的交叉点和共性问题，通过将不同学科的知识和方法进行整合，可以为研究性学习提供更多的解决途径和思路。例如，生物学、化学、物理学等自然科学学科之间的交叉研究可以推动生物医学、材料科学等领域的发展；而文学、历史、哲学等人文社会学科的整合有助于深化对人类文明和社会现象的理解和解释。

学科整合可以促进跨学科合作和团队协作。在解决复杂问题和开展前沿研究时，往往需要不同学科背景的专家和研究者共同合作。通过跨学科合作，可以整合各方的专业知识和技能，形成高效的团队合作模式，共同攻克学术难题。例如，生物医学工程领域的研究往往涉及生物学、医学、工程学等多个学科的知识和技术，需要生物学家、医生、工程师等专业人士共同合作，才能实现医学诊断、治疗和康复的创新。

学科整合还可以促进跨界创新和科技转化。通过将不同学科的知识和技术进行整合和交叉应用，可以创造出新的学科交叉领域和跨界产品，推动科技创新和产业发展。例如，生物信息学、智能制造等新兴领域就是不同学科知识整合的产物，它们将生物学、计算机科学、工程学等多个学科的知识和技术相结合，为医疗健康、智能制造等领域带来了新的发展机遇和应用前景。

学科整合还可以促进研究性学习环境的构建和优化。通过设置跨学科课程、开展跨学科项目和研究，为学生提供更丰富多样的学习资源和学术平台，激发其学习兴趣和创新潜能。例如，跨学科研讨会、论坛等活动可以促进学生与不同学科背景的专家和同行进行学术交流和合作，拓宽其学术视野和研究思路。而跨学科实验室、项目则可以为学生提供开展跨学科研究和实践的机会，培养其跨学科合作和解决问题的能力。

二、跨学科学习在研究性学习环境构建中的实践

（一）跨学科课程设计

跨学科学习强调不同学科之间的交叉与融合，突破学科边界，激发学生跨越学科的思维和能力。通过跨学科课程设计，学生可以在多个学科领域中获取知识，培养综合性思维，提升解决问题能力。这种综合性的学习方式有助于学生从多个角度理解和分析问题，促进其创新和创造力的发展。

跨学科学习在研究性学习环境构建中发挥重要作用。研究性学习强调学生主动探究、发现和解决问题的过程，注重培养学生的批判性思维和独立思考能力。而跨学科学习可以为研究性学习提供丰富的素材和视角，帮助学生更全面地理解和探索问题。例如，在一个跨学科的课程项目中，学生可以从不同学科的角度分析同一个问题，通过交叉比较和综合思考，得出更深入的结论。

跨学科学习还有助于打破学科之间的隔阂，促进跨界合作与交流。在跨学科的学习环境中，学生和教师可以跨越学科界限，共同探讨问题，分享经验，促进学科之间的互相借鉴和融合。这种跨界合作不仅有助于提升学术研究的水平，还有助于培养学生的团队合作和沟通能力，为其未来的职业发展打下良好的基础。

（二）跨学科项目实施

跨学科项目实施将不同学科的知识和方法相融合，促进学生跨学科思维的培养。传统的学科划分往往使学生只关注自己所学的专业知识，缺乏对其他学科知识的了解和认识。而跨学科项目实施通过将不同学科的知识和方法相结合，打破学科的壁垒，促使学生跨越学科界限，形成综合性的学术思维。例如，一个关于环境保护的跨学科项目可能

涉及生物学、化学、地理、经济学等多个学科领域，学生需要综合运用不同学科的知识和方法来解决复杂的环境问题，从而培养他们的综合分析和解决问题的能力。

跨学科项目实施为学生提供了实践探究和解决问题的机会。研究性学习强调学生通过实践和探究来构建知识，培养创新能力和解决问题能力。跨学科项目往往与实际问题和需求紧密相关，学生需要通过调研、实验、分析等方式，探索解决问题的途径和方法，从而锻炼他们的实践能力和创新意识。例如，一个涉及健康管理的跨学科项目可能要求学生结合医学、管理学、社会学等多个学科的知识，针对当地健康问题进行调查和分析，并提出可行的健康管理方案，从而培养学生的综合运用和创新能力。

跨学科项目的实施促进了学术交流和合作。跨学科项目往往需要不同学科的专家和学生共同参与，通过合作与交流，促进不同学科之间的沟通和合作，拓宽学生的学术视野和思维方式。在跨学科项目中，学生不仅需要与同学进行合作，还需要与导师、专家等进行交流和讨论，从而学习到不同学科领域的知识和方法，增强学生的团队合作和交流能力。例如，一个涉及城市规划的跨学科项目可能需要城市规划师、建筑师、社会学家、经济学家等多个学科领域的专家和学生共同合作，通过交流和合作，共同解决城市发展中的复杂问题，推动城市规划的创新和发展。

跨学科学习在研究性学习环境构建中扮演着重要的角色。传统的学科教学往往局限于单一学科的教学内容和方法，无法满足学生跨学科的综合能力的培养需求。而跨学科学习通过打破学科的界限，将不同学科的知识和方法有机地结合起来，为学生提供更广阔的学术视野和思维空间。在研究性学习环境中，跨学科学习使学生能够在解决实际问题的过程中，充分发挥不同学科的优势，综合运用多学科的知识和方法，从而更加全面地理解和解决问题。例如，一个涉及可持续发展的研究性学习项目可能需要学生结合生态学、经济学、政治学等多个学科的知识，分析可持续发展的原理和实践，探讨可持续发展的路径和策略，从而培养学生的跨学科综合能力和解决实际问题的能力。

第四章 研究性学习程序与方法

第一节 信息检索与文献综述

一、信息检索技术

(一)关键词检索与全文检索的区别

关键词检索是一种基于用户输入的关键词进行检索的方式。用户通过输入与所需信息相关的关键词,系统会根据这些关键词在数据库或文档中的出现情况,匹配并返回相关的检索结果。关键词检索通常使用的是倒排索引技术,即根据关键词构建索引表,以加速检索过程。这种检索方式简单直观,适用于快速获取相关信息的场景,如网络搜索引擎和图书馆目录检索。

相比之下,全文检索是一种基于文档内容进行检索的方式。在全文检索中,系统会对文档的全部内容进行索引,包括文档的标题、正文、标签等信息,然后根据用户的检索条件,在索引中匹配并返回相关的文档。全文检索技术一般使用的是倒排索引和向量空间模型等技术,以提高检索的准确性和相关性。全文检索适用于需要更精确和全面的检索结果的场景,如专业文献检索和企业知识管理系统检索。

关键词检索和全文检索在检索效果上存在一定的差异。关键词检索通常只能根据用户提供的关键词进行匹配,因此检索结果可能存在一定的模糊性和不准确性。而全文检索可以根据文档的实际内容进行匹配,因此检索结果更加精确和全面。全文检索可以考虑更多的文档信息和语义信息,从而提高检索的准确性和相关性,但同时也需要更多的计算资源和时间成本。

关键词检索和全文检索在应用场景上有所不同。关键词检索适用于快速获取相关信息的场景,如网络搜索引擎和图书馆目录检索。用户可以通过输入简单的关键词,快速获取相关的检索结果,适用范围广泛。在这些场景中,用户通常需要对文档的内容进行更详细和深入的检索,以满足特定的研究或业务需求。

关键词检索和全文检索在系统实现和性能优化上也存在一定的差异。关键词检索通常使用的是基于关键词的索引结构,如倒排索引,以加速检索过程。这种检索方式简单高效，适用于大规模的数据检索场景。而全文检索需要对文档的内容进行更复杂的处理和索引构建，以提高检索的准确性和相关性。全文检索系统通常需要更多的计算资源和技术支持，但能够提供更精确和全面的检索结果。

（二）常用的信息检索工具与数据库介绍

常用的信息检索工具包括搜索引擎、图书馆目录、专业数据库等。搜索引擎如 Google Scholar、Baidu Scholar 等是广泛使用的网络搜索工具，能够快速检索到包括学术文献、网络资源等在内的各类信息。图书馆目录如 WorldCat、Library of Congress 等则提供了图书、期刊、报纸等印刷出版物的检索和获取服务。专业数据库如 Scopus、Web of Science、PubMed 等涵盖了大量学术期刊、会议论文、专著等文献资源，是学术研究不可或缺的信息来源。

这些信息检索工具所依托的数据库具有各自的特点和覆盖范围。Scopus 是跨学科学术数据库，涵盖了自然科学、工程技术、医学、社会科学等多个学科领域的期刊和会议论文；Web of Science 则是以科学引文索引为特色的学术数据库，包括了全球范围内的高影响力期刊和会议论文；PubMed 则是生命医学领域的核心数据库，收录了生物医学文献和临床研究资料。除此之外，还有 IEEE Xplore、ScienceDirect、JSTOR 等专业数据库，覆盖了工程技术、自然科学、人文社科等不同学科领域的学术文献资源。

信息检索技术是支撑这些工具和数据库运作的核心。其中，关键词检索是最常见的检索技术之一。用户可以通过输入与所需信息相关的关键词或短语，来检索到相关的文献和资源。在使用搜索引擎时，用户可以利用搜索引擎的高级检索功能，通过设置检索条件和筛选器来精确检索所需信息。主题词检索也是一种常用的检索技术，它利用预先定义的主题词词汇表来描述文献的主题内容，从而实现对文献的精准分类和检索。

除了关键词和主题词检索，还有一些高级的信息检索技术被广泛应用于数据库和搜索引擎中。例如，全文检索技术能够对文献的全文内容进行检索，而不局限于标题和摘要；推荐系统则利用用户的检索历史和偏好信息，为用户推荐相关的文献和资源；引文分析技术可以分析文献之间的引用关系，帮助用户了解文献的学术影响力和研究热点。这些技术的应用使得信息检索更加智能化、个性化，为用户提供了更加精准和便捷的检索体验。

随着信息技术的不断发展和创新，一些新型的信息检索技术也在不断涌现。例如，语义检索技术利用自然语言处理和语义分析技术，实现对文献的语义理解和智能检索；基于用户行为的检索技术利用用户的搜索行为和反馈信息，为用户提供个性化的检索结果。这些新技术的应用进一步拓宽了信息检索的领域和应用范围，为用户提供了更加智能化和个性化的信息检索服务。

二、文献综述的步骤与流程

（一）选题与确定研究目的

选题与确定研究目的是进行文献综述的第一步，为整个文献综述奠定了基础。选题的选择应当考虑到研究的新颖性、实用性以及对学术领域的贡献。确定研究目的则是为了明确文献综述的方向和重点，确保在文献综述过程中不偏离主题。

在进行文献综述之前，研究者需要进行大量的背景调查和文献检索，以确定当前研究领域的热点问题和已有的研究成果。这一步骤非常关键，因为它直接影响到后续文献综述的深度和广度。

一旦选题和研究目的确定，接下来就是收集相关文献的过程。这包括查阅学术期刊、会议论文、学位论文以及相关的图书、报告等。在收集文献的过程中，研究者需要根据选题和研究目的来筛选文献，确保选取的文献与研究主题密切相关，并且具有代表性和权威性。

收集到文献后，接下来的步骤是对文献进行分类和整理。这包括对文献的主题、研究方法、研究对象等进行归纳和总结，便于后续的分析和讨论。

在进行文献综述的过程中，研究者需要对每一篇文献进行深入的阅读和分析。这包括理解文献的研究内容、研究方法、研究结果等，并对文献的优缺点进行评价和比较。

在分析文献的基础上，研究者需要撰写文献综述的正文部分。文献综述的正文通常包括引言、文献分类和整理、文献分析和评价以及结论等部分。在撰写文献综述的正文时，研究者需要确保逻辑清晰、层次分明，并注意避免武断和主观臆断。

在完成文献综述的正文后，研究者需要进行审阅和修改，确保文献综述的质量和准确性。审阅和修改的过程包括检查文献引用的准确性、语言表达的清晰度以及逻辑结构的严谨性等。

（二）检索相关文献的策略与方法

进行文献检索时，研究者应该明确研究主题和目标。这有助于缩小检索范围，提高检索效率。选择合适的检索工具和数据库也至关重要。常用的检索工具包括学术搜索引擎（如 Google Scholar）、学术数据库（如 PubMed、IEEE Xplore、Web of Science、Scopus 等）以及图书馆的在线目录。根据研究主题的不同，选择相应的数据库进行检索，以确保能够覆盖到相关领域的文献。

在进行文献检索时，研究者还应该合理选择检索词。检索词的选择应该全面反映研究主题的各个方面，并考虑到同义词、近义词等变体，以提高检索的全面性和准确性。可以利用文献中的关键词、主题词等信息，或借助专业的分类词进行检索。在输入检索词时，可以使用布尔运算符（如 AND、OR、NOT）进行组合，以进一步精确地筛选出符合要求的文献。

进行文献检索后，研究者需要对检索结果进行筛选和评估。这包括对文献的质量、可信度、相关性等方面进行初步评估，并根据研究的需要进行进一步筛选。在筛选文献时，可以根据文献的题目、摘要等信息进行快速浏览，初步确定其是否符合研究目标。对于符合要求的文献，还可以进一步阅读全文，以获取更详细的信息。

在完成文献检索后，研究者需要对检索结果进行整理和归纳。这包括对文献的内容、方法、结论等方面进行梳理，提炼出相关研究的主题、趋势和发展方向。可以利用文献管理软件（如 EndNote、Mendeley 等）对检索结果进行整理和管理，以便后续的文献综述工作。

文献综述的步骤与流程主要包括确定研究目的、收集文献、分析文献、撰写综述等环节。在确定研究目的后，研究者需要收集相关文献，并对文献进行全面、系统的梳理和分析。包括对文献的内容、方法、结果等方面进行详细的分析，挖掘出其中的共性、差异和趋势。在分析文献的基础上，研究者可以撰写综述文章，并对其中的主要观点和结论进行总结和归纳。

在撰写综述文章时，研究者需要注意逻辑性和连贯性，确保文章结构清晰，表述准确。同时，还需要引用相关文献，以支持自己的观点和论述。在撰写过程中，可以根据需要对文献进行进一步的补充和修订，以确保综述文章的完整性和权威性。

（三）文献的筛选与评价

文献搜集是文献综述的第一步。在进行文献搜集时，研究者可以利用各种检索工具和数据库，如学术搜索引擎、学术期刊数据库、图书馆目录等，以获取与研究主题相关的文献资源。还可以通过查阅参考文献、联系专家学者等方式，获取更多的文献资料。在搜集文献的过程中，研究者需要充分利用各种检索技巧和关键词，以确保获取到尽可能全面和准确的文献信息。

文献筛选是文献综述的关键步骤之一。在文献筛选过程中，研究者需要根据预先确定的纳入和排除标准，对已搜集到的文献进行初步筛选。通常纳入标准包括文献与研究主题相关、研究对象明确、研究方法科学可靠等方面的要求，而排除标准则包括文献质量低劣、研究方法不当、研究对象不符合等方面的情况。通过对文献进行筛选，可以剔除不相关或质量较差的文献，保证文献综述的准确性和可信度。

文献评价是文献综述的重要环节之一。在文献评价过程中，研究者需要对已筛选出的文献进行深入分析和评价包括文献的来源、作者背景、研究方法、结果和结论等方面的内容。通过对文献的评价可以判断文献的学术水平和可信度，筛选出对研究主题具有重要贡献和影响的文献。同时，还可以发现文献中存在的研究不足或争议之处，为后续研究提供参考和启示。

（四）文献综述的撰写与组织

文献综述是学术研究中的重要组成部分，它对于梳理研究领域的现状、总结前人的研究成果、明确研究方向和问题具有重要意义。文献综述的撰写与组织需要经过一系列步骤和流程，以确保综述内容的准确性、全面性和逻辑性。

明确研究范围和目的是进行文献综述的首要步骤。在开始综述之前，研究者需要明确所选取的研究领域或主题范围，以及撰写综述的目的和意义。这有助于确定综述的焦点和内容范围，避免内容过于广泛或过于狭窄。

收集文献资料是进行文献综述的关键步骤。研究者可以通过检索学术数据库、阅读期刊论文、查阅专业图书等途径，获取与所选研究领域相关的文献资料。在收集文献资料时，需要注意选择高质量、有代表性的文献，并根据研究目的和范围进行筛选和归纳。

接着，系统整理和分类所收集到的文献资料。在进行文献整理时，可以采用笔记、文献管理软件等工具，对文献进行分类、标注和归档。通常可以按照研究主题、研究方法、研究结果等方面进行分类，以便后续撰写时进行有效的引用和整合。

分析和评价文献资料是撰写文献综述的重要步骤。在对文献资料进行分析时，研究者需要关注文献的研究对象、研究方法、研究结果等方面，辨别文献之间的异同点和联系。同时，还需要对文献的质量、可靠性、权威性进行评价，筛选出对研究目的和问题具有重要参考价值的文献。

接下来，根据研究目的和问题，构建文献综述的框架和结构。文献综述的框架可以按照时间顺序、逻辑顺序、主题分类等方式进行构建，以确保综述内容的组织清晰、逻辑严谨。在构建框架时，可以根据已有文献的研究动态和发展趋势，确定综述的重点和主线，将文献资料有机地整合在一起。

随后，根据文献综述的框架逐步撰写综述的各个部分。在撰写过程中，需要对文献资料进行综合分析和整合，准确地概括前人研究的主要观点、方法和结论，阐明其在研究领域中的作用和意义。同时，还需要注意综述内容的连贯性和流畅性，避免内容重复或跳跃，确保文章的逻辑严谨和条理清晰。

最后，对文献综述进行审阅和修改，以确保综述内容的准确性和完整性。在审阅过程中，可以邀请同行专家或导师进行评审，听取他们的意见和建议，进一步提升文献综述的质量。另外，还需要注意文献引用的规范性和准确性，确保综述的学术可信度和权威性。

第二节 提出问题与解决问题

一、研究性学习中的问题提出

（一）问题提出的基本原则和方法

问题提出应当基于现有知识和问题意识。在进行研究性学习之前，研究者需要对所涉及的领域进行充分的背景调查和资料搜集，从而明确当前领域存在的问题和未解决的疑问。这些问题意识可以是学科内部的研究难题，也可以是跨学科的综合性问题。基于现有知识和问题意识，研究者可以更准确地确定研究的方向和目标。

问题提出应当具有针对性和可操作性。研究性学习的目的是解决实际问题或推动学科发展，因此提出的问题必须具有一定的针对性，能够直接指导研究的实施和结果的达成。同时，问题提出也应当具有可操作性，即能够通过具体的研究方法和手段进行验证和解决。只有具备针对性和可操作性的问题，才能够有效地引导学习和研究的进行。

问题提出应当具有开放性和探索性。研究性学习强调的是自主探究和创新思维，因此提出的问题不应局限于已知的范围和观点，而应当具有一定的开放性和探索性。这意味着问题提出应该鼓励研究者进行跳跃性思维和跨界探索，挖掘问题背后的潜在规律和机制，从而推动学科的发展和创新。

问题提出还应当考虑到社会需求和学科前沿。研究性学习旨在培养学生的综合能力和创新意识，因此提出的问题应当与社会需求和学科前沿密切相关，能够解决实际问题或填补学科空白。在选择研究课题和问题时，研究者需要关注社会热点和前沿领域，及时调整研究方向，确保研究的实用性和前瞻性。

（二）问题提出的创新性和深度

创新性的问题提出需要建立在对当前研究领域的充分理解和掌握之上。研究者应该深入了解相关领域的前沿动态、研究现状和存在的问题，以发现尚未解决或者有待深入探讨的问题。这可以通过文献综述、参加学术会议、与同行交流等方式来实现。通过对已有研究成果的分析和总结，可以发现其中的不足和局限性，从而为提出创新性问题提供参考和启示。

创新性问题的提出需要具备前瞻性和启发性。研究者应该关注未来的发展趋势和可能出现的新问题，从而引领和推动研究的进展。这可以通过对技术、社会、经济等方面的发展趋势进行分析和预测来实现。研究者还可以借鉴其他领域的研究成果，将其应用到自己的研究中，从而开拓新的研究方向和思路。

创新性问题的提出需要考虑到研究的实际需求和社会问题。研究者应该关注当前社会存在的问题和挑战，将研究的目标和意义与社会发展和进步相结合。这可以通过与社会各界的合作和交流来实现，了解他们的需求和期望，从而确定研究的方向和重点。

创新性问题的提出还需要考虑到研究的可行性和可操作性。研究者应该充分考虑到自身的研究条件和资源，避免提出过于理想化或者不切实际的问题。在确定问题之后，还需要制定详细的研究计划和方案，明确研究的目标、方法和进度安排，以确保研究的顺利进行。

二、研究性学习中解决问题的策略与技巧

（一）利用创造性思维解决问题

利用创造性思维解决问题是研究性学习中至关重要的一环。在研究性学习过程中，学生往往面临各种复杂的问题和挑战，需要通过创造性思维来寻找新颖、有效的解决方案。下面将介绍一些研究性学习中解决问题的策略与技巧，包括培养创造性思维、灵活运用解决问题的方法、加强团队合作和沟通等方面。

培养创造性思维是研究性学习中解决问题的关键。创造性思维是指在解决问题时能够产生新颖、独特、有创意的思维方式和方法。学生可以通过各种途径来培养创造性思维，如广泛阅读、多样化的思维训练、参与创新项目等。还可以通过开放式解决问题、思维导图和头脑风暴等方式，激发学生的想象力和创造力，培养其解决问题的能力。

灵活运用解决问题的方法是研究性学习中的重要策略之一。解决问题的方法多种多样，学生需要根据具体问题的性质和特点，灵活选择和运用适合的方法。常用的解决问题的方法包括分析解决问题的步骤、制定解决问题的计划、采用系统性思维和综合性思维等。还可以运用逻辑推理、试错法和模拟仿真等方法，找到最优的解决方案。

同时，加强团队合作和沟通也是解决问题的重要技巧之一。在研究性学习中，往往需多人合作来解决复杂的问题。团队合作能够汇集不同人的智慧和经验，为解决问题提供更多的思路和方案。有效的沟通也是团队合作的关键，可以帮助团队成员更好地理解问题、协调行动和达成共识。学生需要学会有效地沟通和协作，建立团队合作的良好氛围，共同解决问题。

持续不断地学习和反思也是解决问题的重要策略之一。在研究性学习中，学生需要不断地学习新知识和技能，不断地提升自己的能力和水平。同时，也需要不断地反思自己的学习和行动，总结经验教训，发现问题和不足之处，不断地改进和完善解决问题的方法和策略。通过持续不断地学习和反思，可以不断地提高学生解决问题的能力。

培养坚韧不拔的品质也是解决问题的关键之一。在研究性学习中，学生往往会遇到各种困难和挑战，需要有足够的毅力和耐心来克服。学生需要学会面对挫折和失败，不

气馁不放弃，保持积极乐观的心态，坚持不懈地努力解决问题。通过培养坚韧不拔的品质，学生可以更好地应对各种困难和挑战，取得更好的解决问题的效果。

（二）培养合作精神与团队合作解决问题

建立良好的团队合作氛围是解决问题的关键。在团队合作中，成员之间的信任、沟通和合作意识起着至关重要的作用。团队成员应该建立良好的人际关系，尊重彼此的观点和想法，积极倾听和交流，营造一个开放、包容、互助的合作氛围。

明确问题和目标是解决问题的前提。在开始解决问题之前，团队成员需要对问题进行深入的分析和理解，确保对问题的本质和要求有清晰的认识。同时，还需要明确问题的解决目标和期望结果，为解决方案的制定和实施提供明确的方向和目标。

接下来，采用系统性的解决问题方法是解决问题的有效途径。系统性的解决问题方法通常包括问题分析、信息搜集、方案制定、实施执行和评估反馈等步骤。在问题分析阶段，团队成员应该深入了解问题的背景、原因和影响，分析问题的关键因素和关联因素；在信息搜集阶段，团队成员可以利用各种资源和渠道，收集与问题有关的信息和数据；在方案制定阶段，团队成员应该集思广益，充分发挥团队的智慧和创造力，制定符合问题的要求和目标的解决方案；在实施执行阶段，团队成员需要协调配合，分工合作，共同落实方案并解决可能出现的问题；在评估反馈阶段，团队成员应该对解决方案的效果和成果进行评估和反馈，总结经验教训，为以后的解决问题积累经验和提供参考。

灵活运用团队协作和分工合作是解决问题的有效策略。在团队合作中，每个成员都有自己的特长和优势，因此可以根据成员的特长和兴趣进行任务分配和分工合作。通过分工合作，可以充分发挥每个成员的潜力和能力，提高团队的效率和成果。

同时，注重沟通和协调也是团队合作解决问题的重要策略。在团队合作中，及时有效的沟通和协调能够促进团队成员之间的理解和合作，解决可能出现的分歧和冲突，协调团队资源和工作进度，推动问题的解决和目标的实现。

持续学习和不断改进是解决问题的关键。在解决问题过程中，团队成员应该保持谦虚和开放的态度，乐于接受他人的建议和批评，不断学习和积累经验，不断改进和完善解决方案，提高团队解决问题的能力和水平。

第三节 数据收集与分析

一、研究性学习中数据收集的方法

(一)主动式数据收集方法

主动式数据收集方法包括实地调查、问卷调查、访谈、观察等,每种方法都有其独特的特点和适用范围。实地调查是指研究者亲自走访调查对象所在的地点,通过观察和记录来收集数据。实地调查适用于需要直接观察和了解对象行为、环境和情境的研究,具有真实性和直观性的优势。

问卷调查是通过设计问卷并发放给调查对象,收集其回答的数据。问卷调查适用于大规模数据收集和统计分析,具有操作简便、成本低廉的优势。然而,问卷调查也存在回收率低、信息不准确等问题,需要谨慎设计和实施。

访谈是指研究者与调查对象进行面对面的交流和对话,通过提问和回答问题来获取数据。访谈适用于深入了解调查对象的观点、经验和态度,具有交流互动的优势。然而,访谈也存在主观性和局限性,需要注意访谈技巧和对象选择。

观察是指研究者对调查对象的行为、活动进行观察和记录,以获取数据。观察适用于需要了解对象行为和情境的研究,具有客观性和真实性的优势。然而,观察也存在主观性和解释性的问题,需要注意观察者的角色和立场。

除了以上主动式数据收集方法外,还可以通过实验、案例分析、文献调查等方式进行数据收集。实验是指研究者在控制条件下进行变量操作和观察,以获取数据。实验适用于探究因果关系和变量之间的影响,具有科学性和可控性的优势。案例分析是指研究者对特定案例进行深入分析和探讨,以获取数据。案例分析适用于个案研究和深度剖析,具有具体性和详尽性的优势。文献调查是指研究者对相关文献进行检索和分析,以获取已有研究成果和观点。文献调查适用于梳理学科发展和总结前人经验,具有广泛性和系统性的优势。

(二)被动式数据收集方法

被动式数据收集方法包括了多种形式,例如文献分析、档案资料收集、网络数据挖掘等。其中,文献分析是一种常用的被动式数据收集方法,它通过收集、整理和分析已有的文献资料,以获取相关领域的研究成果和发展趋势。文献分析包括图书、期刊论文、会议论文、报告等不同类型的文献资料,通过对这些文献的内容、方法、结论等方面进行梳理和分析,研究者可以获取到丰富的信息,并为自己的研究提供重要参考。

档案资料收集是另一种常用的被动式数据收集方法，主要是通过收集、整理和分析已有的档案资料，以获取相关信息和数据。档案资料可以包括政府部门、企业机构、研究机构等单位的各种档案文件，如统计年鉴、报告、调查数据等。通过对这些档案资料的收集和整理，研究者可以获取到大量的数据，并且可以对其进行分析和挖掘，从而揭示其中的规律和特点。

网络数据挖掘是近年来发展起来的一种新型的被动式数据收集方法，它主要是通过利用网络上的各种信息和数据，进行数据的抓取、提取和分析。网络数据挖掘包括网页抓取、社交媒体分析、网络论坛挖掘等多种形式，通过对这些数据的分析和挖掘，研究者可以获取到大量的实时信息，并且可以发现其中的隐藏规律和趋势。

被动式数据收集方法具有一些显著的优点。其收集方法相对于主动式数据收集方法来说，更加灵活和便捷，能够获取到大量的数据，并且可以减少研究者的主观偏见。被动式数据收集方法可以获取到实时的数据和信息，有助于研究者及时了解相关领域的最新动态和发展趋势。被动式数据收集方法还可以节省研究成本和时间，提高研究效率。

然而，被动式数据收集方法也存在一些不足。由于被动式数据收集方法主要是通过收集和分析已有的数据或者现象，因此可能存在数据的不完整性和不准确性，需要研究者进行验证和修正。被动式数据收集方法可能受到数据源的限制，不能获取到所有需要的数据，因此可能影响研究的全面性和深度。被动式数据收集方法还可能受到技术手段和工具的限制，需要研究者具备一定的技术能力和专业知识。

二、研究性学习中数据分析的方法

（一）描述性统计分析

描述性统计分析的方法主要包括中心趋势度量和离散程度度量两大类。中心趋势度量用于描述数据的集中趋势，常用的统计量包括均值、中位数和众数等。均值是数据集的平均值，可以反映数据的集中程度；中位数是数据集的中间值，可以反映数据的中间位置；众数是数据集中出现频率最高的值，可以反映数据的典型特征。离散程度度量用于描述数据的分散程度，常用的统计量包括极差、方差和标准差等。极差是数据最大值和最小值的差异，可以反映数据的分布范围；方差是数据与均值之间离差的平方和的平均值，可以反映数据的分散程度；标准差是方差的平方根，可以反映数据的离散程度。

描述性统计分析还包括数据的图表展示和分布特征分析。数据的图表展示是将数据以图形的方式进行展示，直观地展现数据的分布和规律。常用的图表包括柱状图、折线图、饼图、箱线图等。这些图表可以帮助研究者更直观地理解数据的特点和规律，发现数据的异常情况和趋势变化。分布特征分析是对数据的分布特点进行定量和定性分析，揭示数据的分布规律和特征。常用的分布特征包括正态分布、偏态分布、峰态分布等。

通过分布特征分析，可以了解数据的分布形态和偏差程度，为后续的数据处理和分析提供依据。

描述性统计分析还可以通过相关性分析和交叉分析等方法，揭示数据之间的关联和影响。相关性分析是用于评估两个或多个变量之间相关关系的统计方法，常用的统计量包括相关系数和散点图等。相关系数可以衡量变量之间的线性相关程度，其取值范围为[-1,1]，绝对值越接近1表示相关性越强。散点图可以直观地展现变量之间的关系，帮助研究者判断相关性的方向和强度。交叉分析是用于评估两个或多个分类变量之间关系的统计方法，常用的统计量包括卡方检验和列联表分析等。交叉分析可以帮助研究者了解不同变量之间的关联和交互作用，揭示数据的复杂性和多样性。

描述性统计分析在研究性学习中具有广泛的应用价值。通过描述性统计分析，研究者可以深入了解研究对象的基本特征和规律，为后续的推断性统计分析和数据挖掘提供基础。同时，描述性统计分析还可以帮助研究者发现数据的异常情况和趋势变化，及时调整研究方向和方法。描述性统计分析在研究性学习中具有重要意义，是研究者进行数据分析和解释的重要工具之一。

1. 平均数

平均数是描述一组数据集中趋势的一种统计量。它是将所有数据值相加后除以数据的个数得到的数值。平均数的计算简单直观，能够反映出数据的中心位置。在研究性学习中，平均数常被用来总结和比较不同样本或群体的特征，评估数据的代表性和稳定性。

除了简单平均数外，还有加权平均数、几何平均数、调和平均数等不同形式的平均数。加权平均数权衡了各数据值的权重，用于处理数据间的不平衡情况；几何平均数适用于对数或比率数据的分析，能够反映数据的相对增长率；调和平均数常用于计算速度、密度等指标，能够更好地反映变量的综合性质。

平均数的应用涉及数据的描述、比较、分析等多个方面。在数据的描述方面，平均数可以帮助研究者了解数据的中心位置，从而掌握数据的总体特征；在数据的比较方面，平均数可以用来比较不同群体或不同条件下的数据特征，发现其差异和规律；在数据的分析方面，平均数可以作为其他统计方法的基础，例如方差分析、回归分析等。

平均数也具有一定的局限性，特别是对于存在极端值或分布不均匀的数据集。在这种情况下，平均数可能会受到极端值的影响，导致平均数不够稳健。为了解决这一问题，研究者可以使用修正的平均数、中位数等其他统计量来描述数据的中心位置，以更准确地反映数据的特征。

除了平均数，还有其他多种数据分析的方法可供研究者选择。例如，中位数是将数据按大小排列后位于中间位置的数值，适用于存在极端值或分布不均匀的数据集；众数是数据中出现次数最多的数值，常用于描述数据的集中趋势和分布形态；标准差是衡量数据离散程度的统计量，反映数据的波动性和变异程度。

还有更复杂的数据分析方法，如回归分析、因子分析、聚类分析等。这些方法可以用来探究数据之间的相关关系、发现潜在的因素结构、识别数据的分类模式等。通过综合运用不同的数据分析方法，研究者能够更加全面地了解数据，从而得出科学的结论和推断。

2.标准差

标准差在研究性学习中的应用十分广泛。作为描述数据分布及离散程度的重要指标，标准差可以帮助研究者更清晰地了解数据的变异程度。通过比较不同数据集的标准差，研究者可以发现数据之间的差异，进行更深入的分析和研究。标准差还可以用于评估数据的稳定性和可靠性，为研究结论的推断提供依据。

计算标准差的方法主要有两种：样本标准差和总体标准差。样本标准差是对样本数据进行计算得到的标准差，用于描述样本数据的离散程度。总体标准差则是对整个总体数据进行计算得到的标准差，用于描述总体数据的离散程度。两者的计算公式略有不同，但都是基于数据与均值的偏差来计算数据的离散程度。

标准差的意义在于反映数据的变异程度。标准差越大，表示数据的离散程度越高，数据点之间的差异性越大；标准差越小，表示数据的离散程度越低，数据点之间的差异性越小。通过计算标准差，研究者可以直观地了解数据的分布情况，为后续的数据分析和研究提供参考依据。

除了标准差外，研究性学习中还可以运用其他统计量进行数据分析，如平均数、中位数、方差等。这些统计量可以相互配合，共同揭示数据的特征和规律，为研究者深入分析和解释数据提供支持。同时，研究者还可以运用图表等可视化工具对数据进行展示和分析，使研究结果更具直观性和可读性。

（二）推断性统计分析

推断性统计分析的基本原理是利用样本数据对总体特征进行推断。在研究性学习中，研究者通常无法获取到总体数据，而只能通过对样本数据进行分析来推断总体的特征。推断性统计分析通过利用统计方法和推断原理，对样本数据进行分析和推断，并根据推断结果对总体特征进行估计和推断。

推断性统计分析的应用范围非常广泛，可以用于各种类型的研究问题和数据类型。例如，它可以用于比较两组或多组数据之间的差异，评估变量之间的关联性，进行预测和推断等。推断性统计分析可以应用于各种领域，包括自然科学、社会科学、医学、经济学等，为研究者提供了一种有效的数据分析工具。

推断性统计分析的方法包括多种形式，例如参数估计、假设检验等。参数估计是推断性统计分析中常用的方法之一，它通过对样本数据进行分析，估计总体参数的取值范围，并计算其置信区间。假设检验是另一种常用的推断性统计分析方法，它用于检验研究假设是否成立，通常包括设立假设、选择检验统计量、确定显著性水平、计算 P 值等步骤。

推断性统计分析方法具有一些显著的优点。它能够利用样本数据对总体特征进行推断，具有较强的普适性和适用性。推断性统计分析方法相对简单易行，不需要过多的数学知识和专业技能，适用于各种研究者和研究领域。推断性统计分析方法还能够提供可靠的推断结果，有助于研究者对研究问题进行深入分析和理解。

然而，推断性统计分析方法也存在一些局限性和不足之处。推断性统计分析方法在进行推断时可能受到样本数据的限制，导致推断结果的不准确性和不可靠性。推断性统计分析方法需要对数据的分布和假设进行严格的前提条件，如果前提条件不满足，则推断结果可能不可靠。推断性统计分析方法还可能受到样本大小的影响，样本较小时推断结果可能不够稳定和可靠。

1. 假设检验

假设检验的第一步是确定研究假设。研究者需要明确研究的问题和目的，并根据问题和目的提出研究假设。研究假设通常包括原假设（H0）和备择假设（H1）。原假设是指研究者要进行验证或检验的假设，通常是对照组或无效效应的假设；备择假设是指研究者希望验证的假设，通常是实验组或有效效应的假设。研究者需要根据具体的研究问题和目的，合理地提出原假设和备择假设。

首先，选择适当的检验方法是假设检验的关键步骤之一。根据研究设计和数据类型的不同，可以选择不同的假设检验方法。常用的假设检验方法包括 t 检验、F 检验、卡方检验、Z 检验等。t 检验适用于两组样本均数之间的比较；F 检验适用于两个或多个组别均数之间的比较；卡方检验适用于分类变量之间的比较；Z 检验适用于样本比例之间的比较。研究者需要根据具体的研究问题和数据类型，选择适合的检验方法进行假设检验。

然后，设置显著性水平是假设检验的重要步骤之一。显著性水平（α）是指在假设检验中拒绝原假设的概率水平，通常取 0.05 或 0.01。研究者需要根据研究问题和目的，合理地设置显著性水平。较低的显著性水平可以提高假设检验的严谨性和可靠性，但可能增加犯第一类错误（错误地拒绝真实的原假设）的风险；而较高的显著性水平可以减少犯第一类错误的风险，但可能降低假设检验的敏感性和准确性。

接下来，计算检验统计量是假设检验的核心步骤之一。检验统计量是用于评估样本数据与原假设之间偏差程度的统计量，通常采用样本数据的标准化值或比率值。不同的假设检验方法有不同的检验统计量计算公式。例如，t 检验的检验统计量是样本均数与总体均数之间的差异除以标准误差；F 检验的检验统计量是组间均方与组内均方的比值；卡方检验的检验统计量是观察频数与期望频数之间差异的平方和除以期望频数等。研究者需要根据所选的假设检验方法，计算出相应的检验统计量。

然后，判断检验结果是假设检验的关键步骤之一。根据计算得到的检验统计量和设定的显著性水平，研究者可以判断原假设是否应该被拒绝。如果计算得到的检验统计量落在显著性水平以内的拒绝域内，则拒绝原假设；如果计算得到的检验统计量落在显著性水平以外的接受域内，则接受原假设。研究者还可以通过计算 P 值来判断检验结果的显著性。如果 P 值小于设定的显著性水平，则拒绝原假设；如果 P 值大于设定的显著性水平，则接受原假设。

报告结论是假设检验的最后一步。根据对检验结果的判断，研究者需要给出明确的结论，并解释结论的意义和影响。如果拒绝原假设，则说明样本数据与原假设之间存在显著差异，研究者可以进一步探讨原假设的假设和数据的差异性；如果接受原假设，则说明样本数据与原假设之间不存在显著差异，研究者可以进一步探讨原假设的成立和数据的一致性。研究者还可以根据检验结果给出建议和推荐，为后续的研究和实践提供参考和指导。

2. 相关分析

相关分析是用来衡量两个或多个变量之间关联程度的一种统计方法。在相关分析中，常用的衡量变量之间相关关系的指标是相关系数。相关系数反映了变量之间的线性关系程度，其取值范围在 [-1, 1]，其中 -1 表示完全负相关，1 表示完全正相关，0 表示无相关。通过计算相关系数，研究者可以判断变量之间的相关关系的强弱和方向。

相关分析的应用涵盖了多个领域和方面。在社会科学研究中，相关分析常被用来探究不同变量之间的关系，如收入和教育水平的关系、压力和健康状况的关系等；在自然科学研究中，相关分析可以帮助研究者了解不同变量之间的相互影响，如温度和植物生长的关系、气候变化和海平面上升的关系等；在医学研究中，相关分析可以用来研究疾病与遗传因素、生活方式等之间的关系，为疾病预防和治疗提供科学依据。

相关分析还可以帮助研究者发现变量之间的隐藏关系和潜在机制。通过分析不同变量之间的相关关系，研究者可以揭示变量之间的因果关系和作用机制，从而深入理解研究问题的本质和复杂性。例如，在经济学研究中，相关分析可以用来探究不同经济指标之间的关系，为制定经济政策提供参考；在心理学研究中，相关分析可以用来研究不同心理因素之间的关系，揭示人类行为和心理活动的规律和原理。

除了相关系数，相关分析还包括许多其他技术和方法，如偏相关分析、多变量相关分析等。偏相关分析是一种用来探究两个变量之间的直接关系，排除了其他变量干扰的方法；多变量相关分析则是用来探究多个变量之间复杂关系的方法，能够同时探究多个变量之间的相互作用和影响。

相关分析还可以结合其他统计方法和技术进行深入研究。例如，相关分析与回归分析结合可以用来探究变量之间的因果关系和预测模型；相关分析与因子分析结合可以揭示变量之间的潜在结构和因素；相关分析与聚类分析结合可以帮助研究者识别不同变量之间的分类模式和群组。

第四节 学术写作与表达能力

一、研究性学习中学术写作的基本要素

(一) 文章结构与组织

文章结构的设计是学术写作的基本要素之一。一个合理的文章结构应当包括引言、正文和结论三个部分。引言部分主要介绍研究背景、研究目的和意义，引出文章的主题和问题，并概述文章的主要内容和结构。正文部分是文章的核心，包括研究方法、研究过程和研究结果等内容，需要按照逻辑顺序进行组织和展开。结论部分是对研究内容和结果的总结和归纳，强调研究的贡献和意义，并提出可能的展望和建议。一个清晰的文章结构可以帮助读者更好地理解文章的逻辑结构和内在联系，从而更好地掌握文章的主旨和观点。

段落组织的原则是学术写作的基本要素之一。一个良好的段落组织应当包括段落的连贯性、一致性和层次性。段落的连贯性指的是段落之间应当有明确的逻辑连接和过渡，避免出现突兀和断裂的情况；段落的一致性指的是段落内部应当围绕一个主题或观点展开，避免主题不清晰或内容杂乱无章；段落的层次性指的是段落之间应当有明确的层次关系和递进关系，避免出现内容重复或跳跃不连贯的情况。通过合理的段落组织，可以使文章的内容更加清晰明了，读者易于理解和接受。

章节安排的技巧是学术写作的基本要素之一。一个合理的章节安排应当根据文章的主题和内容进行设计，保持整体结构的紧凑和连贯性。每个章节应当有明确的标题和主题，以便读者快速获取章节的主要内容和重点。同时，章节之间应当有明确的过渡和连接，确保文章整体的连贯性和完整性。通过合理的章节安排，可以使文章的结构更加清晰和有序，读者易于阅读和理解。

除了以上基本要素外，学术写作还需要注意语言表达的准确性、客观性和规范性。研究者应当避免使用主观、模糊或夸张的语言，确保文章的客观性和科学性。同时，还需要遵循学术写作的规范和要求，包括引用格式、文献排版等方面，确保文章的权威性和可信度。

(二) 文章语言与风格

学术写作的语言应该具备准确性和规范性。准确性是指语言表达应该准确无误地传达作者的意图和观点，避免歧义和误解。规范性是指语言应该符合学术规范和约定，遵循学术写作的基本原则和要求。为了保证语言的准确性和规范性，研究者应该注意避免

语法错误、用词不当以及逻辑不清等问题，同时还需要注意引用格式和文献标注等细节，确保语言的规范性和标准性。

学术写作的语言应该具备科学性和客观性。科学性是指语言应该具备科学性和严谨性，符合科学研究的逻辑和方法，遵循科学的原则和规律。客观性是指语言应该客观公正地表达作者的观点和结论，避免主观偏见和情绪色彩。为了保证语言的科学性和客观性，研究者应该注重数据和事实的支撑，避免主观臆断和夸大其词，同时要注意对不同观点、观点的平衡、客观性，避免偏见和片面性。

学术写作的语言应该具备清晰性和连贯性。清晰性是指语言表达应该清晰明了，容易理解，避免歧义和模糊不清。连贯性是指语言表达应该连贯流畅，逻辑严密，条理清晰，确保文章的结构和内容之间的关联性和一致性。为了保证语言的清晰性和连贯性，研究者应该合理组织文章结构，明确论点和论据，合理安排段落和句子，避免跳跃和重复，保持语言的连贯性和逻辑性。

学术写作的语言还应该具备简洁性和精炼性。简洁性是指语言表达应该简明扼要，避免冗长和啰嗦，突出重点，减少废话。精炼性是指语言表达应该精准凝练，用词精确，避免冗余和重复，确保语言的精练和紧凑。为了保证语言的简洁性和精炼性，研究者应该注意精选词语，简化句子结构，压缩表达方式，提炼论点和论据，使文章更具吸引力和可读性。

二、研究性学习中表达能力的提升实践

（一）学术交流与合作中的表达能力

学术交流与合作中的表达能力包括口头表达能力和书面表达能力两个方面。口头表达能力是指在面对面的交流和讨论中，能够清晰、准确地表达自己的观点和想法。在学术会议、讨论班、小组讨论等场合，研究者需要能够自如地运用语言、声音、肢体语言等方式，与他人进行有效的交流和沟通。书面表达能力是指在论文、报告、邮件等书面材料中，能够准确、流畅地表达自己的思想和观点。研究者需要具备良好的写作能力，能够清晰地组织文稿、逻辑严谨地表达自己的想法，并使用准确、恰当的语言和术语。

提升表达能力的实践方法包括多样化的学习和训练。研究者可以通过参加演讲比赛、口才培训班、写作工作坊等方式，提升口头表达和书面表达的能力。在演讲比赛中，研究者可以锻炼自己的演讲技巧和说服能力，提高自己的口头表达能力。在口才培训班中，研究者可以学习如何运用声音、语言和肢体语言，提升自己的演讲效果和表达魅力。在写作工作坊中，研究者可以学习如何组织文章结构、提炼论点、澄清逻辑，提高自己的写作水平和表达能力。

多参与学术交流和合作项目是提升表达能力的有效途径。研究者可以积极参加学术会议、研讨会、论坛等学术活动，与同行进行交流和讨论，分享自己的研究成果和经验，

倾听他人的意见和建议，拓宽自己的学术视野和思维方式。还可以积极参与学术合作项目，与他人合作撰写论文、申请科研项目、开展实验研究等，锻炼团队合作和沟通能力，提升表达能力和学术影响力。

持续不断地反思和改进也是提升表达能力的重要方法。研究者可以定期回顾自己的学术交流和合作经历，总结经验教训，发现问题和不足之处，不断地改进自己的表达方式和技巧。可以通过记录反思笔记、接受他人的反馈、参加评估训练等方式，提高自己的自我意识和学习能力，不断地提升表达能力和学术素养。

注重综合素质的提升也是提升表达能力的重要途径。除了学术能力之外，研究者还需要具备广泛的知识背景、良好的道德修养、积极的心态和健康的生活方式等综合素质。这些素质可以帮助研究者更好地理解和分析问题、与他人进行有效的交流和合作、保持良好的心理状态和工作状态，从而提升表达能力和学术竞争力。

（二）在职场和社交场合中的表达能力应用

提升表达能力需要培养良好的沟通技巧。在研究性学习中，研究者需要与导师、同事和其他专家进行频繁的交流和讨论，因此良好的沟通技巧是至关重要的。研究者可以通过多参加学术讨论会、研讨会、学术会议等活动，积极发言、交流和分享自己的研究成果和想法，提升自己的口头表达能力和说服力。

加强写作能力也是提升表达能力的重要途径。在研究性学习中，学术论文、研究报告等写作成果是研究者展示研究成果和表达观点的重要载体。研究者需要不断提升自己的写作能力，包括逻辑思维、文笔表达、语言表达等方面。可以通过多读优秀的学术论文和专业图书，模仿和学习其中的写作技巧和表达方式，不断积累和提升自己的写作经验和能力。

接下来，注重自我表达的训练和实践是提升表达能力的有效方法。在研究性学习中，研究者可以利用各种机会进行自我表达的训练和实践，如参加演讲比赛、主持学术研讨会、撰写博客或科普文章等。通过这些实践活动，研究者可以提升自己的表达能力和沟通能力，增强自信心，培养自己的说服力和影响力。

积极参与团队合作和项目管理也是提升表达能力的重要途径。在研究性学习中，团队合作是非常普遍和重要的，研究者需要与团队成员协作和交流，共同完成研究任务和项目目标。通过积极参与团队合作和项目管理，研究者可以锻炼自己的团队合作能力、沟通能力和领导能力，提升自己的表达能力和协调能力。

在职场和社交场合中，良好的表达能力同样具有重要意义。在职场中，表达能力可以帮助员工更好地与同事、上级和客户沟通和合作，提升工作效率和工作质量。在社交场合中，表达能力可以帮助个人更好地表达自己的想法和情感，建立良好的人际关系，提升个人魅力和影响力。

在职场和社交场合中，研究性学习中提升的表达能力同样可以得到应用。通过在研究性学习中的表达能力的提升实践，研究者可以更加自信地在职场和社交场合中展示自己，与他人进行有效的沟通和交流，从而取得更好的职业和社交成就。

第五章 研究性学习评价与反馈

第一节 评价研究性学习的多维度方法

一、评价研究性学习的意义与重要性

（一）研究性学习评价对学生发展的促进作用

研究性学习评价有助于培养学生的自主学习能力。相比传统的考试评价方式，研究性学习评价更加注重学生的自主思考和学习过程。在研究性学习中，学生需要主动探索问题、查找资料、设计实验、分析数据等，这种积极参与的学习方式有助于激发学生的学习兴趣和动力，培养其自主学习的能力和习惯。通过参与研究性学习评价，学生可以逐渐掌握自主学习的方法和技巧，提高自我管理和自我调节能力，从而更好地适应未来的学习和工作环境。

研究性学习评价有助于激发学生的创新潜能。研究性学习注重学生的实践操作和探索发现，要求学生运用所学知识和技能解决实际问题或开展独立研究。在这个过程中，学生需要发挥创造力、思维能力和团队合作能力，不断探索和尝试新的想法和方法。研究性学习评价重视学生的创新成果和实践经验，鼓励学生提出新的观点和见解，促进学生的创新思维和创造性能力的发展。

研究性学习评价有助于提升学生的综合素养。综合素养是指学生具备了丰富的知识和技能，能够综合运用各种学科知识解决复杂问题的能力。研究性学习评价不仅仅注重学生的学科知识和专业技能，更强调学生的跨学科思维和综合能力。在研究性学习中，学生需要整合不同学科的知识和方法，探索和解决涉及多方面的问题，这种综合性的学习和评价方式有助于培养学生的综合素养和综合能力，提升其综合竞争力和适应能力。

研究性学习评价还有助于促进学生的批判性思维和判断力。在研究性学习中，学生需要审视问题、分析数据、评估证据，并据此提出自己的观点和结论。这种批判性思维和判断力的培养对于学生的学术研究和社会实践都具有重要意义。通过参与研究性学习评价，学生可以培养批判性思维和判断力，提高其解决问题和决策能力，为其未来的学习和职业发展打下坚实的基础。

（二）评价研究性学习对教学改进的价值

研究性学习有助于提高教学质量。传统的教学模式往往以教师为中心，学生被动接受知识。而研究性学习鼓励学生积极参与问题的探究和解决过程，这有助于培养他们的主动学习能力和批判性思维能力。通过参与研究性学习，学生能够更深入地理解知识并将其应用到实际问题中，从而提高了教学的实效性和针对性。

研究性学习有助于激发学生的学习兴趣。相比于传统的教学方式，研究性学习更加注重学生的主体地位和参与度，让他们更多地参与知识的探究和发现。这种积极的学习方式能够激发学生的学习兴趣，增强他们对知识的好奇心和探索欲望，从而提高了学习的积极性和主动性。

研究性学习有助于培养学生的创新能力。在研究性学习中，学生需要通过自主思考、独立探究、团队合作等方式来解决问题，这样的过程能够培养他们的创新思维和创造能力。通过参与研究性学习，学生不仅能够掌握知识，还能够培养解决问题的能力和创新意识，为未来的学习和工作打下良好的基础。

研究性学习还有助于促进教师的专业发展。在研究性学习中，教师需要扮演引导者和指导者的角色，引导学生进行科学研究和实践活动。通过这样的过程，教师不仅能够加深对知识的理解和应用，还能够不断提升自己的教学能力和水平，从而实现教学的不断创新和改进。

二、研究性学习评价的多维度方法

（一）学术成果评价

学术成果评价的多维度方法包括科研成果的数量和质量、学术影响力、学术声誉和社会影响力等多个方面。科研成果的数量和质量是评价研究者学术水平和研究能力的重要指标之一。数量方面，可以考虑研究论文的发表数量、科研项目的承担数量、专利的申请数量等；质量方面，可以考虑研究论文的被引用次数、期刊的影响因子、科研项目的评价结果等。学术影响力是评价研究者在学术界的地位和影响力的指标之一，包括学术论文的被引用率、专著的出版数量、学术会议的邀请报告等。学术声誉是评价研究者学术声誉和学术声望的指标之一，包括学术机构的评价、学术团体的评选、学术奖项的获得等。社会影响力是评价研究者在社会领域的贡献和影响的指标之一，包括科研成果的应用价值、社会服务的参与度、科技成果的转化效益等。

学术成果评价的多维度方法还包括学术贡献和学术实践两个方面。学术贡献是指研究者在学术领域所做出的原创性、创新性和有价值的学术成果，包括科研论文的发表、科研项目的获批、专著的出版、专利的申请等。学术实践是指研究者在学术领域所开展的实践活动和项目，包括学术会议的组织、学术期刊的编辑、学术交流的组织、学术团队的建设等。学术贡献和学术实践是评价研究者学术水平和学术能力的重要标志，反映了研究者在学术领域的积极参与和贡献度。

（二）学习过程评价

1. 独立思考与解决问题能力评价

基于项目评价是研究性学习中常见的评价方法之一。通过设计和完成项目，学生需要运用自己的知识和技能解决实际问题，展现出独立思考和解决问题的能力。项目评价不仅可以考查学生的专业知识和技能，还可以评价学生的创新性、团队合作能力和解决问题的能力。在项目评价中，可以通过项目设计、成果展示、评审打分等方式来评价学生的独立思考和解决问题能力，从而全面了解学生的综合素质和水平。

综合素质评价是研究性学习评价的另一种重要方法。综合素质评价不仅包括学生的学科知识和专业技能，还包括学生的综合能力和综合素养。在综合素质评价中，可以考查学生的学习态度、学习方法、综合运用能力等方面，从而全面评价学生的独立思考和解决问题能力。

实践能力评价是研究性学习评价中的重要内容之一。在实践能力评价中，可以考查学生的实践操作能力、实际应用能力和解决问题的能力，从而全面评价学生的独立思考和解决问题的能力。实践能力评价可以通过实验报告、实践项目、实习实训等方式进行，既能够考查学生的实际能力，又能够培养学生的实践操作和创新能力。

反思能力评价也是研究性学习评价的重要内容之一。研究性学习强调学生的反思能力和自我评价能力，要求学生能够对自己的学习过程和成果进行深入反思和评价。在反思能力评价中，可以考查学生的反思能力、自我认识能力和批判性思维能力，从而全面评价学生的独立思考和解决问题的能力。反思能力评价可以通过学习日志、学习总结、口头述评等方式进行，既能够促进学生的自我认识和成长，又能够培养学生的批判性思维和判断力。

2. 团队合作与沟通能力评价

团队合作的评价可以从多个角度进行。一个常见的评价指标是团队的协作效率，即团队完成任务的速度和质量。团队成员之间的合作紧密程度也是一个重要的评价指标，包括他们之间的互助、支持和信任程度。团队的组织和领导能力也需要被评价，即团队成员能否有效地组织任务、分配资源，并协调成员之间的工作。

沟通能力的评价同样具有多个维度。其中一个重要的维度是沟通的清晰度和有效性，即团队成员之间能否清晰明了地表达自己的想法和意见，并且能够有效地理解和反馈他人的意见。另一个重要的维度是沟通的及时性和频率，即团队成员之间的沟通是否及时和频繁，能够有效地解决问题和协调工作。

在评价团队合作与沟通能力时，可以采用多种方法和工具。一种常见的方法是通过观察和记录团队成员的行为和表现，从而评价他们的合作和沟通能力；另一种方法是通过问卷调查或面谈来收集团队成员的反馈和意见,了解他们对团队合作和沟通的看法和感受。还可以利用各种评价工具和指标来对团队的合作和沟通能力进行量化分析,如团队绩效评价表、沟通频率统计等。

在评价团队合作与沟通能力时,需要考虑到不同的情境和要求。例如,在评价团队合作时,需要考虑到团队的任务性质和复杂度,以及团队成员的角色分工和能力水平。在评价沟通能力时,需要考虑到沟通的对象和方式,以及沟通的内容和目的。在评价团队合作与沟通能力时,需要根据具体情况选择合适的评价方法和指标,并且进行综合分析和判断。

第二节 制定合理的评价标准与体系

一、评价标准与体系的基本原则

(一)公平公正原则

评价标准与体系的建立应当具有普遍适用性和公正性。评价标准应当适用于所有被评价对象,并且不偏不倚地对待每一个被评价者。评价标准与体系应当基于客观事实和科学理论,避免主观偏见和个人喜好的影响,确保评价的公正性和客观性。评价标准与体系的建立应当充分考虑被评价对象的背景、特点和实际情况,尽可能减少主观因素的干扰,确保评价结果的公正性和准确性。

评价标准与体系应当具有科学性和合理性。评价标准应当基于科学理论和实践经验,具有一定的科学性和可操作性。评价标准与体系应当能够客观、准确地反映被评价对象的实际水平和能力,避免片面、主观或武断的评价结果。评价标准与体系的建立应当充分考虑评价对象的特点和实际情况,确保评价标准与体系的科学性和合理性,提高评价的准确性和可信度。

评价标准与体系应当具有综合性和全面性。其应当全面、综合地考虑被评价对象的各个方面和不同层面的表现,充分反映其综合能力和整体水平。评价标准与体系应当包括多个评价维度和多个评价指标,覆盖被评价对象的各个方面和不同层面,确保评价的全面性和综合性。评价标准与体系的建立应当充分调研和了解被评价对象的实际情况,综合考虑各种因素,确保评价结果的全面性和准确性。

评价标准与体系应当具有一定的灵活性和可调节性,能够根据不同的评价对象和评价情境进行调整和适用。评价标准与体系应当能够适应不同的评价对象和不同的评价目的,灵活调整和变化评价标准和指标,确保评价结果的准确性和可靠性。评价标准与体系的建立应当充分考虑被评价对象的特点和实际情况，灵活调整和变化评价标准和指标，提高评价的灵活性和适用性。

（二）全面客观原则

全面客观原则要求评价标准与体系应该全面考虑被评价对象的各个方面。被评价对象可能涉及多个维度和方面，如知识水平、技能掌握、素质特点等。在制定评价标准与体系时，应该充分考虑这些方面，确保评价能够全面反映被评价对象的各种情况和特点。例如，在学生评价中，评价标准应该包括知识掌握情况、学习态度、实践能力、创新能力等多个方面，以全面评价学生的学习情况和学习水平。

全面客观原则要求评价标准与体系应该客观公正地制定和执行。评价标准与体系的制定过程应该公开透明，吸纳多方意见，确保评价标准与体系的科学性和公正性。评价过程应该客观公正，避免主观偏见和个人情感的影响，确保评价结果的客观性和准确性。例如，在教师评价中，评价标准应该具有科学性和客观性，避免评价过程中的主观偏见和个人情感的影响，确保评价结果的公正性和可信度。

全面客观原则要求评价标准与体系应该具有科学性和可操作性。评价标准与体系应该基于科学理论和实践经验，具有一定的科学性和理论基础。评价指标应该具有明确的定义和可操作性，便于评价者根据标准进行评价，确保评价结果的准确性和可靠性。例如，在企业绩效评价中，评价指标应该具有科学性和可操作性，能够准确反映企业的绩效水平和绩效特点，为企业管理和决策提供科学依据和有效支持。

全面客观原则要求评价标准与体系应该具有动态性和灵活性。评价标准与体系应该随着被评价对象的变化和发展而不断调整和完善，确保评价的时效性和适用性。评价方法和工具应该灵活多样，能够根据评价对象的特点和评价目的进行选择和调整，确保评价的灵活性和有效性。例如，在学校教育评价中，评价标准与体系应该根据学校发展阶段和特点进行调整和完善，评价方法和工具应该灵活多样，能够满足不同学校的评价需求和实际情况。

二、研究性学习中制定合理的评价标准与体系

（一）建立评价指标与量化标准

建立合理的评价指标与量化标准对于激发学生的学习动力和提升学习效果至关重要。明确的评价指标和量化标准能够明确学生需要达到的学习目标和要求，为学生提供明确的学习方向和目标，激发其学习动力和自我管理能力。同时，合理的评价指标和量化标准还能够帮助教师更好地设计教学活动和评价方式，提高教学效果和教学质量，促进学生全面发展和个性化成长。

1. 制定具体的评价指标

制定具体的评价指标是建立评价体系的关键步骤之一。评价指标应该能够全面反映学生在研究性学习中所取得的成果和表现，包括知识水平、技能能力、思维能力、创新能力等方面。例如，对于知识水平，可以制定考核学生对所学知识的掌握程度、理解程度和应用能力；对于技能能力，可以制定考核学生实验操作、数据处理、图表绘制等能力；对于思维能力，可以制定考核学生批判性思维、解决问题能力、逻辑推理能力等能力；对于创新能力，可以制定考核学生提出新颖观点、解决实际问题、开展独立研究等能力。

制定评价指标应该充分考虑研究性学习的特点和目标。研究性学习注重学生的主动参与和自主探究，因此评价指标应该注重学生的主观能动性和自主性，能够评估学生在独立思考、解决问题和团队合作等方面的表现；评价指标还应该能够反映学生在实际问题和场景中的应用能力，能够评估学生对知识的实际运用和创新性发挥。

制定评价指标还应该注重评价的客观性和公正性。评价指标应该具有客观性，能够客观地评估学生的表现，避免主观偏见和评分标准不一致。评价指标还应该具有公正性，能够公正地评价不同学生的表现，避免评价过程中的歧视和偏见。为了保证评价的客观性和公正性，可以采用多种评价方法和工具，如考试、作业、实验报告、项目展示、口头答辩等，并结合多个评价者的评价结果进行综合评定。

建立研究性学习的评价标准与体系需要考虑多个方面的因素。评价标准应该与教学目标和教学内容相适应，能够全面反映学生的学习成果和能力发展。评价体系应该能够有效地反映评价指标之间的内在联系和层次关系，形成完整的评价框架和体系。评价标准与体系还应该与课程设置和教学实践相结合，能够指导教师开展有效的教学活动和评价工作，促进学生的全面发展和能力提升。

2. 设定量化的评价标准和分级标准

设定量化的评价标准有助于明确评价的标准和指标。通过量化的评价标准，可以将抽象的评价要求和标准具体化、量化化，使其更具可操作性和可衡量性。评价标准可以包括各个评价维度和评价指标，如学术水平、创新能力、实践能力、团队合作能力等，每个评价指标都可以设定具体的量化标准和要求，以便评价者和被评价者能够清晰地了解评价标准和要求。

设定量化的评价标准有助于提高评价的客观性和公正性。量化的评价标准可以基于客观事实和数据，避免主观因素和个人偏见的影响，使评价过程更加客观和公正。评价者可以根据量化的评价标准和指标客观地评价被评价者的表现和水平，避免主观判断和武断评价，确保评价结果的公正性和准确性。

设定量化的评价标准有助于提高评价的准确性和可信度。量化的评价标准可以将评价结果具体化、量化化，使评价结果更具可操作性和可衡量性，提高评价的准确性和可信度。评价者可以根据量化的评价标准和指标，准确地评价被评价者的表现和水平，避免主观偏见和主观臆断的影响，确保评价结果的客观性和准确性。

设定量化的评价标准有助于提高评价的透明度和可理解性。量化的评价标准可以使评价过程更加透明和可理解，评价者和被评价者可以清晰地了解评价标准和要求，从而更好地了解评价过程和结果。评价标准可以设定具体的量化指标和要求，评价者和被评价者可以根据这些指标和要求，对评价过程和结果进行理性分析和理解，提高评价的透明度和可理解性。

设定分级标准有助于区分评价对象的不同水平和能力。通过设定分级标准，可以将评价对象分为不同的等级或水平，清晰地区分不同水平的表现和能力。分级标准可以根据评价对象的实际情况和评价目的，设定不同的等级或水平，如优秀、良好、合格、及格等。评价者可以根据分级标准，客观地评价评价对象的表现和水平，对不同水平的评价对象给予不同的评价和反馈，促使评价对象得以进步和提高。

（二）制定评价体系与流程

评价体系应基于清晰的教学目标。在设计评价体系之前，教师应该明确阐述学生应达到的学习目标，这些目标应该与研究性学习的特点相匹配。例如，培养学生的探究能力、批判性思维和团队合作能力等。评价标准应该能够全面评估学生在这些方面的表现。

1. 设计评价体系的结构和框架

评价体系的设计是研究性学习中至关重要的一环，它直接影响着对学生学习成果的认知和评估。一个合理的评价体系应该是全面、客观、科学的，能够准确反映学生在研究性学习中的实际表现和成长情况。在制定合理的评价标准与体系时，需要考虑到研究性学习的特点和目标，同时结合具体的学科内容和学生群体的特点，建立起一套科学可行的评价体系。

评价体系的结构应该清晰明了，能够将评价指标分类有序地呈现出来。通常可以从学习目标出发，将评价指标分为知识水平、思维能力、实践能力、科研能力等方面。其中，知识水平是基础，包括对学科知识的掌握程度；思维能力涉及分析、推理、判断等方面的能力；实践能力包括动手能力、操作能力等；科研能力则是研究性学习的核心，包括问题意识、方法论、创新能力等。这样的分类能够使评价更加全面，也更有针对性。

评价标准的确定应该具有可操作性和可量化性。评价标准应该具有明确的描述，能够使评价者和被评价者都能够清晰地理解。同时，评价标准应该能够量化，便于进行评分和比较。比如，在评价实践能力时，可以设立具体的实验项目或者任务，根据完成情况和效果来进行评价；在评价科研能力时，可以考虑论文质量、创新性、论证逻辑等因素，制定相应的评价标准。

评价体系的框架应该是动态的，能够随着学生学习过程的发展而不断调整和完善。研究性学习是一个不断探索、实践和反思的过程，评价体系应该能够及时反映学生的变化和进步。在实际操作中，可以通过定期的学业评估、学生自评、同伴评价等方式收集反馈信息，及时调整和修正评价体系，保持其与学生学习实际的契合度。

评价体系的建立还需要考虑到评价的公平性和客观性。评价应该基于客观的证据和数据，而不是主观臆断或者片面印象。在评价过程中，应该避免人为的偏见和歧视，确保每个学生都能够在公平的环境下展现自己的能力和潜力。评价结果应该及时反馈给学生，并给予针对性的指导和建议，帮助他们更好地发现自己的不足，进一步提升自己。

2. 确定评价流程和评价者角色

评价标准的制定应该基于研究性学习的目标和任务。研究性学习强调学生自主探究、批判性思维和解决问题能力的培养，因此评价标准应该涵盖这些方面。例如，评价标准可以包括对学生独立思考能力、问题提出与解决能力、研究方法运用和结果呈现等方面的评估。

评价标准应该具有可操作性和可量化性。评价标准的具体内容应该能够量化或可操作，以便评价者能够清晰地判断学生的表现。例如，针对研究性学习中的独立思考能力，评价标准可以包括学生在解决问题过程中提出的独特观点数量、论据的合理性和逻辑性等方面的评估。

评价体系应该包括多种评价方法和工具。研究性学习涉及多种学习活动，包括文献查找、实验设计、数据分析和报告撰写等，因此评价体系应该充分考虑到这些不同的学习活动。评价方法可以包括考试、作业、报告、展示、讨论等多种形式，以全面评估学生在研究性学习过程中的表现。

评价者角色的确定也至关重要。评价者可以包括老师、同学、专家等不同的角色。老师作为评价者可以根据学生的表现进行评价并提供反馈意见，帮助学生改进学习方法和提高学习效果。同学之间的互评也是一种有效的评价方式，可以促进学生之间的合作和交流。专家评价可以提供权威性和专业性的评价，帮助学生提高研究水平和学术能力。

第三节 学生自评与互评的实施

一、研究性学习中学生自评的实施

（一）自评的基本原则和流程

自评的基本原则包括客观性、规范性、可操作性和可持续性。客观性要求评价结果客观真实，不受主观情绪的干扰；规范性要求评价标准明确，能够被广泛接受和理解；可操作性要求评价过程简单易行，能够被学生掌握；可持续性要求评价结果能够持续反映学习过程和成果的变化。

自评的实施流程包括设定评价标准、进行自我评价、制定改进计划和跟踪评价效果。教师需要明确学习任务的目标和要求，制定评价标准，确保学生能够理解和接受评价标准；学生进行自我评价，根据评价标准对自己的学习过程和成果进行评价，发现问题和不足；然后，学生根据自评结果制定改进计划，明确改进的方向和措施；学生跟踪评价效果，检查改进计划的执行情况，不断调整和完善。

在研究性学习中，自评可以通过以下方式实施。教师可以引导学生根据研究性学习的目标和要求，制定相应的评价标准，明确学习的重点和难点；教师可以利用问卷调查、讨论和观察等方式收集学生的自评信息，了解学生的学习情况和问题所在；然后，教师可以根据学生的自评结果，及时给予指导和反馈，帮助学生解决学习中的困难和问题；教师可以鼓励学生定期进行自评，不断提高自我认知能力和学习水平。

（二）自评在学习过程中的作用和价值

自评能够促进学生的自我认知和自我管理能力。通过自我评价，学生可以更清晰地了解自己的学习状态、学习成果以及存在的不足之处。这种自我认知有助于学生及时调整学习策略，提高学习效率和学习成果。同时，自我管理意味着学生能够自觉地制定学习计划、设定学习目标，并且持续监督和评估自己的学习进度，从而提高学习的自主性和主动性。

自评有助于促进学生的批判性思维和反思能力。在进行自我评价的过程中，学生需要对自己的学习情况进行深入分析和思考，找出问题的根源，并且提出改进的方案。这种批判性思维能力对于学生的综合素质发展至关重要，能够帮助他们更好地应对各种挑战和问题。同时，通过自我反思，学生可以及时总结经验教训，吸取教训，不断提升自己的学习能力和水平。

自评有助于促进学生之间的合作和交流。在进行自我评价的过程中，学生可以与同学分享自己的学习经验和心得体会，相互学习借鉴，共同进步。这种合作和交流不仅能够促进学生之间的情感交流和团队凝聚力，还能够拓宽学生的视野，促进他们的综合素质发展。

在研究性学习中，学生自评的实施尤为重要。研究性学习强调学生的自主性和主动性，自评正是培养学生这些能力的有效途径之一。为了有效实施学生自评，首先需要建立合适的评价体系和评价标准。评价标准应该具体、明确，能够全面评估学生的学习成果和学习过程，同时也应该具有灵活性，能够充分考虑到学生的个体差异和特长。

需要培养学生的自评能力。学生需要了解什么是有效的自评，如何进行自评，以及如何利用自评结果指导自己的学习。在教学实践中，教师可以通过示范、引导和反馈等方式培养学生的自评能力，逐步提高他们的自评水平和质量。

还需要创设适合的学习环境和氛围。学生只有在积极、开放的学习环境中才能够真正地进行自评。教师可以通过激发学生的学习兴趣、鼓励学生表达自己的观点和想法等方式，营造积极的学习氛围，促进学生自评的实施。

需要及时给予学生反馈和指导。学生在进行自评的过程中可能会遇到困难和问题，需要及时得到教师的指导和支持。教师可以通过定期组织学生自评活动、设置自评反馈环节等方式，及时发现学生存在的问题，并给予适当的指导和建议，帮助学生不断提高自评的水平和质量。

二、研究性学习中学生互评的实施

（一）学生互评的概述

学生互评是研究性学习中一种重要的评价方式，它通过让学生相互评价、交流和反思，促进了学生之间的合作与交流，同时也能够提高学生的评价能力和自我认知能力。在研究性学习中实施学生互评，既可以帮助学生更好地理解和掌握学科知识，又可以培养学生的团队合作能力和批判性思维能力，具有重要的教育意义和实践价值。

学生互评可以促进学生之间的交流与合作。在研究性学习中，学生通常会分成小组或团队共同完成项目或任务，而学生互评可以帮助小组成员之间更好地理解彼此的工作和贡献。通过相互评价和讨论，学生可以分享自己的见解和经验，发现问题并寻求解决方案，从而促进团队合作的效果和质量。

学生互评可以提高学生的评价能力和批判性思维能力。通过参与评价过程，学生不仅能够了解评价标准和要求，还能够培养自己的批判性思维能力，学会客观地分析和评价他人的工作。在评价他人的同时，学生也会反思自己的工作，并不断提高自己的表达能力和学术水平，从而实现双向的学习和成长。

学生互评还可以促进学生的自我认知和自我管理能力。通过参与评价过程，学生不仅能够了解自己的优势和不足，还能够学会如何有效地管理自己的学习和行为。在评价他人的同时，学生也会审视自己的表现，并根据他人的评价反思和调整自己的学习策略和方法，从而不断提高自己的学习效果和综合能力。

学生互评还可以促进教师的教学反思和提升。通过收集学生的评价反馈，教师可以了解学生的学习情况和需求，及时调整和优化教学内容和方法，提高教学效果和质量。同时，教师还可以根据学生的评价结果，对学生的学习过程和成果进行科学合理的评价，为学生提供更加准确和有针对性的指导和建议，从而促进学生全面发展和提升。

（二）互评的基本原则和流程

互评作为一种学习评价方式，在研究性学习中扮演着重要的角色。其基本原则和流程的论述有助于深入理解其在学生学习中的实施。互评的基本原则包括公平性、客观性、透明性、建设性和可信度。而互评的流程则包括准备阶段、评价阶段和反馈阶段。

互评的基本原则首先是公平性。在进行互评时，每个学生都应该有平等的机会接受评价，并且评价过程应该遵循客观公正的标准，不受个人偏见的影响。其次是客观性，评价应该基于客观事实和标准，而不是主观臆断或情绪因素。再次，透明性也是互评的重要原则，评价标准和过程应该对所有参与者都是清晰可见的，确保评价的公开和透明。从次，互评应该是建设性的，评价不仅要指出问题所在，还要提供改进的建议和方向，促进学生的进步和成长。最后，互评的可信度是保证评价结果有效性的关键，评价者需要具备足够的专业性和可信度，确保评价结果具有说服力和可靠性。

在研究性学习中，学生互评的实施可以通过以下流程来完成。首先是准备阶段，教师需要明确评价的标准和要求，向学生介绍评价的目的和意义，为学生提供评价所需的工具和指导。其次是评价阶段，学生根据所学知识和教师提供的标准，对同学的作品进行评价，注重客观性和建设性，确保评价结果符合实际情况。最后是反馈阶段，学生根据互评结果，及时反思自己的不足之处，接受他人的建议和意见，努力改进自己的学习和表现。

第四节　利用技术手段进行学业评估

一、在学业评估中常见的技术手段

（一）在线测验与考试系统

在线测验与考试系统在学业评估中占据越来越重要的地位，成为现代教育技术的关键组成部分。这些系统的广泛应用得益于多种技术手段，涵盖了从设计与实施到分析与反馈的各个环节。

题库管理系统是在线测验与考试系统的核心。题库管理系统允许教育机构集中存储、分类和管理大量试题，并可以根据不同的评估目标和课程内容快速生成试卷。通过使用随机抽题和智能组卷算法，能够防止作弊现象，并确保试卷难度和覆盖面的均衡。

自适应测试技术显著提高了在线考试的有效性和公平性。自适应测试根据考生的作答情况实时调整后续题目的难度，能够更准确地评估考生的实际水平。这种技术不仅提高了测验的精准度，还减少了考生的不必要压力，使得测验过程更加流畅。

在线监考技术的进步极大地提升了远程考试的可信度。通过使用网络摄像头和面部识别技术，可以实时监控考生的考试环境，确保考生遵守考试规则。行为分析算法可以检测考生的异常举动，如频繁离开座位或与他人交谈，从而进一步减少作弊的可能性。

数据分析技术在在线测验与考试系统中也发挥着至关重要的作用。通过对考生成绩和答题行为的数据进行深入分析，可以揭示考生的知识盲点和学习模式，从而为教学改进提供宝贵的依据。教育机构可以利用这些数据制定更有针对性的教学计划和个性化学习方案，以提高整体教学质量。

自动评分系统在开放性问题的评估中具有重要意义。基于自然语言处理和机器学习技术，自动评分系统能够对考生的文本回答进行语义分析，并给出合理的分数。这不仅大大减轻了教师的工作负担，还提高了评分的客观性和一致性。

在线测验与考试系统中的即时反馈功能显著提升了学生的学习效果。考生在完成测验后，可以立即获得详细的答题反馈，包括正确答案、错误分析以及相关知识点的解释。这种即时反馈不仅帮助考生迅速了解自身的不足，还能促进学生对知识的及时巩固和复习。

移动设备的普及使得在线测验与考试系统更加灵活便捷。通过移动应用程序，考生可以随时随地进行测验，打破了时间和空间的限制。这种灵活性不仅方便了考生的学习和复习，还为教师提供了更多的教学工具和资源。

安全技术也是在线测验与考试系统不可或缺的一部分。通过使用加密技术和多重身份验证手段，可以确保考试数据的安全性和考生信息的隐私性。考试系统的稳定性和可靠性同样至关重要，通过负载均衡和备份技术，能够保证系统在高并发访问时仍能平稳运行，防止因技术故障而影响考试过程。

基于云计算的在线测验与考试系统具备更强的扩展性和灵活性，云计算技术不仅提供了强大的计算和存储能力，还支持大规模并发访问和实时数据处理。教育机构可以根据需求灵活调整资源配置，这既节省了硬件成本，又提升了系统的响应速度和服务质量。

随着人工智能技术的不断发展，智能导师系统正在逐渐融入在线测验与考试系统。智能导师可以根据考生的学习情况和测验结果提供个性化的学习建议和辅导，帮助考生更有针对性地提高学业水平。智能导师系统不仅增强了教学的互动性，还提升了个性化教育的效果。

为了增强互动性和参与度，在线测验与考试系统还集成了多种多媒体元素。通过嵌入视频、音频和图像等多媒体内容，可以丰富试题形式，使得测验过程更加生动有趣。这种多感官的学习体验不仅有助于提高考生的注意力和理解力，还能激发考生的学习兴趣和动力。

区块链技术在在线测验与考试系统中的应用也逐渐受到关注。区块链技术通过其去中心化和不可篡改的特性，可以确保考试数据的真实性和透明度。考生成绩和考试记录可以在区块链上进行存储和验证，从而有效防止数据造假和篡改问题的发生。

虚拟现实（VR）和增强现实（AR）技术的应用为在线测验与考试系统带来了全新的体验。通过 VR 和 AR 技术，考生可以身临其境地进行某些专业领域的操作性考试，如医学模拟和工程设计等。这不仅提高了考试的真实性和实践性，还为考生提供了更加直观的学习和评估方式。

（二）学习管理系统（LMS）

LMS 中常见的技术手段之一是在线测试系统。在线测试系统能够实现自动化评分，提高评估效率，减少教师的工作量。系统可以提供多种题型，如选择题、填空题、匹配题等，满足不同学科的评估需求。在线测试系统能够进行题库管理，根据难度、知识点等分类存储试题，便于随机抽题和自动组卷，确保评估的公平性和科学性。

LMS 中的在线作业功能也是重要的评估手段。通过在线作业，学生可以上传各种形式的作业，如文档、图片、音频和视频，教师则能够在线批改和反馈。此功能不仅方便了学生作业的提交，还使得教师能够灵活地管理和评估学生的作业表现。在线作业系统通常具备自动提醒和截止日期设置功能，促使学生按时完成任务，提高了时间管理能力。

电子档案袋（e-portfolio）也是 LMS 中常见的评估技术。电子档案袋是一种记录学生学习过程、成果和进步的数字化工具，能够全面展示学生的知识、技能和态度发展情况。学生可以在电子档案袋中上传各种学习资料和作品，教师可以通过评阅这些资料，进行综合评价。电子档案袋不仅有助于学业评估，还为学生提供了一个展示自我、反思学习的空间。

自评与互评功能在 LMS 中也被广泛应用。通过自评，学生能够对自己的学习成果进行反思和评价，培养自主学习和自我调控能力。互评功能则允许学生相互评价作业或项目，有助于培养合作精神和批判性思维。LMS 中的自评与互评功能通常配有评分标准和评价指南，以确保评估的客观性和有效性。

学习分析技术是 LMS 中的另一重要手段。通过收集和分析学生在学习过程中的数据，如在线学习时间、访问频率、作业完成情况等，学习分析技术能够提供详细的学习行为和绩效报告。这些数据分析结果能够帮助教师了解学生的学习状况，及时发现和解决学习中的问题，提供有针对性的指导和支持。

在线讨论论坛和交流平台在 LMS 中的应用也为学业评估提供了新的思路。学生可以在讨论论坛中发表观点、参与讨论，通过交流与互动展示和提升自己的理解和表达能力。教师可以根据学生在论坛中的表现进行评价，考查其参与度和贡献度。交流平台的开放性和即时性，使评估更加动态和全面。

LMS 中的情境模拟和虚拟实验技术也是学业评估的重要手段。通过虚拟实验室和情境模拟，学生可以进行仿真操作和实验，获得实践经验。系统能够记录和分析学生的操作过程和结果，教师可以基于这些数据进行评估。虚拟实验技术不仅增强了学生的动手能力，还为教师提供了客观、翔实的评估依据。

个性化学习路径和适应性测试技术在 LMS 中的应用，使学业评估更具针对性和个性化。根据学生的学习风格、能力水平和兴趣，LMS 能够自动生成个性化学习路径和评估方案。适应性测试技术能够动态调整测试内容和难度，以适应学生的个体差异。这些技术手段不仅提高了评估的准确性，还促进了学生的个性化发展。

LMS 中的游戏化评估方法也是一项创新技术。通过将游戏元素融入评估过程，如积分、徽章、排行榜等，增强了评估的趣味性和激励性。游戏化评估能够激发学生的学习动机，提高参与度和积极性，评估过程也变得更加生动有趣。

语音识别和自然语言处理技术在 LMS 中的应用，提升了学业评估的智能化水平。通过语音识别技术，学生可以进行口语表达和朗读练习，系统能够自动评分和反馈。自然语言处理技术则能够对学生的书面表达进行分析和评价，提供详细的语法、词语和内容反馈。这些技术手段不仅丰富了评估形式，还提高了评估的精确性和即时性。

移动学习技术在 LMS 中的广泛应用，为学业评估带来了更多便捷和灵活性。学生可以通过移动设备随时随地进行学习和评估，打破了时间和空间的限制。LMS 中的移动学习应用通常具备离线学习和同步功能，确保学习和评估的连续性和稳定性。

二、利用技术手段进行学业评估的具体操作步骤

（一）设计和构建在线测验与考试

设计和构建在线测验与考试是现代教育技术的重要组成部分，利用技术手段进行学业评估已成为必然趋势。具体操作步骤涉及需求分析、平台选择、内容设计、技术实现、测试和优化以及数据分析和改进等多个环节。

需求分析是关键的一步。必须明确在线测验与考试的目标，是用于日常练习、阶段性检测还是最终考试。不同的目标会影响后续的设计和实施。还需了解受众的特点，如年龄、学科背景和技术使用习惯等。这一步确保测验与考试能够符合实际需求，提高有效性和针对性。

选择合适的平台至关重要。市场上有多种在线测验平台，如 Moodle、Google Forms 和 Kahoot 等，各自具有不同的功能特点。需综合考虑平台的稳定性、安全性、用户友好性以及是否支持所需的各种题型和功能，如选择题、填空题、简答题、时间限制、随机出题等。选择合适的平台能够确保在线测验的顺利进行。

内容设计是在线测验与考试的核心。题目应根据教学目标和评估标准精心设计，确保覆盖所有重要知识点和技能。题目的难易程度需合理分布，以准确反映学生的实际水平。题目类型应多样化，既包括客观题，如选择题和判断题，也包括主观题，如简答题和论述题。合理的题目设计能有效评估学生的知识掌握情况和应用能力。

技术实现环节需要开发或配置测验平台，确保所有功能正常运行。这包括题库的建立和管理、测验流程的设置、自动评分系统的配置以及数据存储和备份等。技术团队需与教育专家紧密合作，确保技术实现能够满足教育需求。

在技术实现完成后，进行全面的测试和优化是必不可少的。应模拟实际测验环境，进行多次测试，以发现并解决潜在的问题。这些问题可能包括系统崩溃、题目显示错误、评分不准确等。通过测试和优化，确保在线测验系统的可靠性和稳定性，提高用户体验。

数据分析与改进是在线测验与考试的最后一步。通过对学生测验结果的数据分析，可以了解整体的教学效果和学生的知识掌握情况。常用的方法包括统计分析、数据挖掘和机器学习等。分析结果可以用于改进教学内容和方法，调整测验题目和形式，以及个性化学习路径的制定。通过分析学生的答题过程，还可以发现教学中的薄弱环节，进一步提高教学质量。

在线测验与考试在实施过程中需注意数据安全与隐私保护。所有学生的测验数据都应加密存储，防止数据泄露。平台应具备完善的身份验证机制，确保只有授权人员可以访问和管理数据。同时，应遵守相关法律法规，确保学生的隐私权得到保护。

为了提高在线测验与考试的有效性，还可以利用一些先进技术。例如：人工智能技术可以用于智能出题和自动评分；增强现实和虚拟现实技术可以用于仿真实验和实践操作考试；大数据分析可以用于个性化学习路径推荐等。这些技术的应用能够进一步提升在线测验与考试的质量和效果。

教师在在线测验与考试中的角色也需调整。教师不仅是测验的设计者和执行者，还需成为学生的引导者和支持者。在测验设计中，教师应考虑学生的个性化需求，提供多样化的测验形式和反馈机制；在测验实施中，教师应及时解答学生的问题，提供技术支持和心理疏导，帮助学生顺利完成测验；在测验结果分析中，教师应根据数据分析结果，调整教学策略和内容，提高教学效果。

在线测验与考试的推广与应用还需得到学校和教育管理部门的支持。学校应提供必要的硬件设备和网络环境，确保学生能够顺利参与在线测验。教育管理部门应制定相关政策和标准，规范在线测验的实施和管理，保障在线测验的公平性和有效性。同时，应加强教师的培训和能力建设，提高教师在在线测验与考试中的设计和实施能力。

（二）数据分析和学习报告生成

第一步是确定评估目标和指标。在开始评估之前，需要明确评估的目的和具体指标，这些指标可以包括学生的学习成绩、知识掌握情况、学习态度等方面。

第二步是数据收集。通过技术手段，可以收集到大量的学生学习数据，包括考试成绩、作业完成情况、在线学习行为等。这些数据可以通过学校管理系统、在线学习平台、教育应用程序等渠道获取。

第三步是数据清洗和整理。在收集到数据后，需要对数据进行清洗和整理，包括去除错误数据、填补缺失值、统一数据格式等，以确保数据的准确性和可靠性。

第四步是数据分析。利用数据分析技术，对收集到的学生学习数据进行深入分析，发现其中的规律和趋势。常用的数据分析技术包括统计分析、机器学习、数据挖掘等，通过这些技术可以发现学生的学习特点和问题，为评估提供依据。

第五步是生成学习报告。根据数据分析的结果生成学生的学习报告，其中包括学生的学习表现、优势和不足之处，以及针对性的建议和改进措施。学习报告可以以文字、图表、可视化等形式呈现，便于学生和教师理解和应用。

第六步是反馈和改进。将学习报告反馈给学生和教师，引导他们有针对性地改进学习和教学方法，提高学习效果和教学质量。同时，也可以通过持续的评估和反馈机制，不断优化评估流程和方法，实现教育的持续改进和提升。

（三）利用学习管理系统进行课程评估和学生跟踪

课程设计与发布是LMS的基础功能。教师可以在LMS中创建和组织课程内容，上传教材、讲义、视频等教学资源，并设计学习活动和评估任务。课程设计应充分考虑学习目标和评估标准，确保内容覆盖全面、结构清晰。在发布课程时，可以设置不同的访问权限，确保只有注册的学生才能够参与学习。

在线测验与考试是课程评估的主要手段之一。LMS提供了丰富的测验工具，支持多种题型，如选择题、填空题、简答题和论述题等。教师可以根据教学计划定期发布测验，并利用题库管理系统随机抽取题目，以确保测验的公平性和科学性。测验结束后，系统会自动评分并记录成绩，这大大提高了评估效率。

数据收集与分析是LMS实现学业评估的重要环节。系统会自动记录学生的学习行为和成绩数据，包括登录次数、学习时长、测验成绩和作业提交情况等。这些数据为教师提供了学生全面的学习轨迹，便于进行多维度的分析。通过数据分析，教师可以了解学生的学习进度和知识掌握情况，及时发现问题并采取相应的措施。

自动化反馈与改进是LMS的一大优势。系统在学生完成测验后，能够即时生成反馈报告，提供详细的错误分析和改进建议。这样的反馈不仅帮助学生了解自身的不足，还为他们的进一步学习提供了明确的方向。同时，教师也可以根据反馈结果调整教学计划和评估策略，提高教学效果。

学生跟踪与支持是实现个性化教育的关键。LMS通过实时监控学生的学习活动和成绩变化，为教师提供全面的跟踪数据。教师可以利用这些数据进行个性化辅导，针对不同学生的学习特点和需求，制定个性化的学习计划和辅导方案。LMS还支持在线讨论和答疑，促进师生互动和交流，帮助学生及时解决学习中的问题。

在具体操作中，可以细化LMS的使用步骤。课程设计阶段，教师需要确定课程目标和学习内容，选择合适的教学资源和评估方式。接着，通过LMS平台上传和组织这些资源，并设置学习活动和评估任务。在课程发布前进行预览和测试，确保课程内容和设置的正确性和完整性。

测验与考试阶段，教师可以利用LMS的题库功能，设计符合课程目标的测验题目，并设定测验的时间、形式和评分标准。测验发布后，系统会自动通知学生参加测验，并在测验结束后自动评分和记录成绩。教师可以查看测验结果和分析报告，了解学生的知识掌握情况。

数据收集与分析阶段，系统会自动生成学习行为和成绩数据报告。教师可以通过这些数据分析学生的学习进度和表现，识别共性和个性问题。利用数据分析工具，进行更深入的统计和预测，帮助制定科学的教学改进策略。

反馈与改进阶段，系统会根据学生的测验结果生成个性化的反馈报告，提供具体的改进建议。教师可以利用这些反馈，调整教学内容和评估方式，提高教学的针对性和有效性。学生则可以根据反馈，明确学习中的薄弱环节，制订改进计划，提升学习效果。

学生跟踪与支持阶段，教师可以通过LMS实时监控学生的学习活动，发现学习问题并及时提供帮助。系统还支持在线交流和答疑，方便教师与学生之间的互动。LMS可以设置提醒功能，督促学生按时完成学习任务和评估，确保学习计划的顺利进行。

LMS还支持移动学习，使学生可以随时随地进行学习和评估。通过移动应用，学生可以访问课程内容、参与讨论、完成测验和查看反馈，极大地方便了学习的灵活性和便捷性。教师也可以利用移动设备进行教学管理和学生跟踪，提高教学效率。

在未来的发展中，LMS将融合更多的智能技术，如人工智能、大数据和云计算等。通过人工智能技术，可以实现更智能的评估和反馈，提供更加个性化的学习支持。大数据技术将使数据分析更加精准和全面，为教学改进提供更加科学化的依据。云计算技术则提升了系统的扩展性和可靠性，支持更大规模的学习活动和数据处理。

第六章 研究性学习课程开发与实施

第一节 研究性学习课程目标与设计

一、研究性学习课程目标的确定

（一）课程目标的设定原则和方法

设定课程目标的原则包括明确性、可测性、可操作性和适切性。明确性指的是目标要清晰具体，能够清楚地描述学生应该达到的预期结果；可测性要求目标能够被客观地评价和检验，便于确定学生是否达到了预期的学习成果；可操作性意味着目标能够被有效地教学和学习实践所指导和实现；适切性要求目标与学生的年龄、能力水平、学习需求等相适应，符合课程的特点和要求。

确定研究性学习课程目标的方法可以采用"从终到始""分层次递进"和"综合反思"等。从终到始的方法是从课程的最终目标出发，逐步分解为具体的学习目标和任务，帮助学生清晰地了解课程的整体目标和学习路径；分层次递进的方法是将课程目标分解为不同层次的子目标，根据学生的学习水平和需求逐步设定，逐步提升学生的学习深度和广度；综合反思的方法是在课程实施过程中不断对课程目标进行评估和调整，根据学生的反馈和实际情况及时修正和完善目标设定，确保课程目标的实现效果。

在确定研究性学习课程目标时，还需要考虑到学科内容、学生需求、教学资源等因素。学科内容是课程目标设定的基础，需要根据学科的特点和发展需求来确定课程目标；学生需求是课程目标设定的出发点和归宿，需要根据学生的兴趣、能力和发展需求来确定课程目标；教学资源是课程目标实现的保障和支撑，需要根据教学资源的条件和限制来确定课程目标。

（二）研究性学习课程目标的具体内容和要求

研究性学习课程旨在培养学生的独立思考能力、解决问题能力和创新能力，使其具备扎实的学术素养和研究方法。该课程的目标涉及多个方面，包括学术素养、研究方法、解决问题能力、创新意识以及学科知识的深度和广度等。

学术素养是研究性学习课程的核心目标之一。学生应当具备扎实的学术基础知识，包括相关学科的理论框架、概念和基本原理。他们需要了解学术界的规范和标准，包括学术论文的写作格式、引用规范和学术诚信等。通过研究性学习课程，学生应当能够准确理解学术文献和研究成果，掌握学术思维和表达能力，形成批判性思维和科学态度。

研究方法是研究性学习课程的重要目标之一。学生应当掌握科学的研究方法和技能，包括文献检索、资料收集、实证研究、统计分析等。他们需要了解不同研究方法的优缺点，根据研究目的和问题选择合适的研究方法。通过实践和训练，学生应当能够熟练运用各种研究工具和技术，设计并完成独立的研究项目。

解决问题能力是研究性学习课程的另一个重要目标。学生应当能够提出具有挑战性和创新性的研究问题，通过系统的分析和论证，找到解决问题的有效方法和策略。他们需要具备批判性思维和逻辑推理能力，能够理性分析和评估不同的观点和证据。通过研究性学习课程，学生应当能够独立思考和判断，解决复杂的学术和实践问题。

创新意识是研究性学习课程的重要目标之一。学生应当具备探索未知和创造新知识的意识和能力，能够在研究过程中发现新问题、提出新观点和构建新理论。他们需要具备开放性思维和创造性思维，勇于挑战传统观念和思维定式。通过研究性学习课程，学生应当能够提出创新性的研究假设和方法，开展具有前瞻性和影响力的研究工作。

学科知识的深度和广度也是研究性学习课程的重要目标之一。学生应当掌握所学学科的核心理论和方法，了解学科的前沿发展和重要成果。他们需要深入研究学科领域的专业问题，掌握相关领域的最新研究成果和进展。通过研究性学习课程，学生应当能够在所学学科领域内进行深入的研究和探索，为学科发展和社会进步作出贡献。

在实现这些目标的过程中，研究性学习课程对学生的要求也非常具体。学生需要具备较强的自主学习能力和自我管理能力，能够独立制定学习计划和研究方案，并按计划有序地进行学习和研究。学生需要具备团队合作能力和沟通交流能力，能够与导师和同学合作，共同完成研究项目，并能够清晰有效地表达自己的观点和研究成果。学生需要具备批判性思维和创新意识，能够独立思考和解决问题，并能够接受挑战和失败，不断提高自己的研究水平。

二、研究性学习课程设计的具体内容

（一）课程内容的选择和安排

课程设计的第一步是确定课程主题和目标。主题应当具有一定的深度和广度，能够引发学生的兴趣和好奇心，激发他们的求知欲望。同时，目标应当明确具体，能够指导学生的学习方向和努力方向。例如，一个关于环境污染的研究性学习课程的主题可以是"探索环境污染对人类健康的影响"，目标可以是"通过实地调查和数据分析，提出保护环境的有效措施"。

课程设计应当围绕主题展开多样化的学习内容。这包括理论知识的学习、实践活动的开展和研究项目的设计。理论知识的学习可以通过教科书、文献阅读、网络资源等方式进行，帮助学生建立起对主题的基本理解和认识；实践活动的开展可以包括实地调查、实验操作、观察考查等，帮助学生从实践中获取经验和数据，加深对主题的理解；研究项目的设计是课程设计的核心内容，学生通过自主选择课题、提出问题、制订计划、开展调研、分析数据和总结成果，完成研究报告或展示，从而培养其独立思考和解决问题的能力。

课程设计应当注重跨学科的整合和交叉融合。课程设计应当打破学科壁垒，促进不同学科之间的交流和合作。例如，一个关于食品安全的研究性学习课程可以涉及生物学、化学、农学、食品科学等多个学科领域，学生可以通过分组合作，从不同学科角度探讨食品安全问题，提出综合性解决方案。

课程设计应当注重问题驱动和学生参与。研究性学习课程的设计应当以问题为导向，激发学生的好奇心和探索欲。课程中的问题可以是真实存在的社会问题、学科领域的前沿问题或学生自身感兴趣的问题，能够引发学生的思考和讨论。同时，课程设计应当注重学生的主体地位，鼓励他们参与课程设计和实施过程，培养其自主学习和合作精神。教师应当充当指导者和引导者的角色，引导学生参与探索和解决问题的过程，而不是简单地传授知识和技能。

课程设计应当注重评价方式的多样化和个性化。研究性学习课程的评价应当突出学生的实际表现和思维能力，而不仅仅是传统的考试分数。评价方式可以包括实验报告、研究论文、项目展示、口头表达、小组讨论、同行评价等多种形式，以全面反映学生的学习成果和能力发展情况。同时，评价过程应当注重个性化，根据学生的不同特点和发展阶段，采用灵活的评价方法，给予个性化的指导和反馈，促进其进步和成长。

（二）学习活动的设计和组织

课程设计的核心在于确定学习目标和内容。在研究性学习课程中，学习目标通常包括培养学生的解决问题能力、批判性思维能力、信息获取和分析能力等。基于这些目标，需要确定课程的主题和内容，确保能够激发学生的兴趣和好奇心，同时与课程目标相符。例如，可以选择与学生日常生活密切相关的话题，或者选取当前社会热点作为课程主题，以提高学生的参与度和主动性。

课程设计需要合理选择教学方法和学习活动。研究性学习强调学生的主动参与和自主探究，因此教学方法应以学生为中心，注重激发学生的学习兴趣和潜能。可以采用多种教学方法，如案例分析、小组讨论、实验探究、项目设计等，以满足不同学生的学习需求和兴趣。还可以借助现代技术手段，如网络资源、多媒体教具等，拓展学生的学习途径和资源。

课程设计需要设计多样化的评价方式。评价是课程设计的重要组成部分，能够激发学生的学习动机和促进自我反思。在研究性学习课程中，评价应注重学生的实际表现和成长过程，而不仅仅是结果。可以采用多种评价方式，如作业、项目报告、口头展示、小组讨论、反思日志等，以全面了解学生的学习情况和能力发展，并为他们提供及时的反馈和指导。

课程设计需要关注学习环境和资源支持。良好的学习环境能够激发学生的学习兴趣和积极性，提高学习效果。这不仅需要为学生提供舒适的学习场所和设施，同时加强师生互动和合作，营造积极的学习氛围。还需充分利用各种资源，如图书馆、实验室、科研设备、网络资源等，为学生提供丰富的学习资源和支持，促进他们的独立思考和创新能力的发展。

（三）评价方式和标准的确定

评价方式和标准的确定是研究性学习课程设计中至关重要的一环。具体内容包括课程结构、教学方法、学习资源和评价体系等方面。

课程结构是研究性学习课程设计的核心。在设计课程结构时，需要考虑到课程的整体框架和各个组成部分之间的关系，确保课程内容的连贯性和完整性。通常，研究性学习课程的结构可以分为导入阶段、探究阶段和总结阶段三个部分。导入阶段旨在激发学生的学习兴趣和动机，介绍课程主题和目标；探究阶段是课程的核心部分，通过问题提出、资料收集、实验设计等方式引导学生进行研究性学习；总结阶段则是对学习成果进行总结和评价，促进学生对所学知识的深入理解和应用。

教学方法是研究性学习课程设计的关键。在选择教学方法时，需要根据课程目标和学生特点来确定。常用的研究性学习教学方法包括解决问题法、合作学习法、探究式学习法等。解决问题法通过提出具体问题，激发学生的思维和探索欲望，促进他们主动学习和解决问题的能力；合作学习法强调学生之间的合作和互动，通过小组讨论、团队合作等方式培养学生的团队精神和合作能力；探究式学习法则注重学生的探究和发现过程，通过实验设计、实践操作等方式培养学生的探究精神和实践能力。

学习资源是研究性学习课程设计的基础。在设计课程学习资源时，需要充分考虑到学生的需求和教学的实际情况。学习资源可以包括教材、教具、网络资源、实验设备等多种形式，通过多样化的学习资源，可以丰富课程内容，激发学生的学习兴趣和创造力。

评价体系是研究性学习课程设计的重要组成部分。在设计评价体系时，需要考虑到评价方式和评价标准的确定。评价方式可以包括考试评价、作业评价、项目评价等多种形式，通过综合运用不同的评价方式，可以全面地评价学生的学习成果和能力。评价标准则是评价体系的核心，需要明确具体的评价指标和标准，确保评价结果客观准确。同时，还可以引入自评和互评机制，促进学生的自主学习和合作学习。

第二节 研究性学习的教学策略与方法

一、研究性学习的教学策略

（一）激发学生兴趣和好奇心的策略

激发学生兴趣和好奇心是促进研究性学习的关键。在研究性学习的教学中，教师可以采用多种策略来激发学生的兴趣和好奇心，从而提高他们的学习动机和积极性。这些策略包括创设情境、提供挑战性任务、引导问题探究、提供反馈和鼓励、提供角色模型、促进合作学习、利用多媒体技术等。

创设情境是激发学生兴趣和好奇心的重要策略之一。教师可以通过引入引人入胜的故事、案例或问题，营造出一个具有挑战性和吸引力的学习情境，引发学生的好奇心和探究欲望。例如，教师可以讲述真实的科学探索故事，引发学生对科学问题的兴趣和思考，激发他们的求知欲。

提供挑战性任务也是激发学生兴趣和好奇心的有效策略之一。教师可以设计一些具有挑战性和启发性的任务，要求学生探索和解决实际问题，从而激发他们的学习动机和求知欲。这些任务可以是开放性的问题、研究性的课题、实践性的项目等，能够引发学生的思考和探究，促使他们积极参与学习。

引导问题探究是激发学生兴趣和好奇心的又一重要策略。教师可以通过提出引人入胜的问题，引导学生主动探究和解决问题的过程，从而激发他们的学习兴趣和求知欲。这些问题可以是与学生日常生活、社会现象或学科知识相关的，能够引发学生的思考和讨论，促使他们主动进行学习探究。

提供反馈和鼓励是激发学生兴趣和好奇心的重要手段之一。教师可以通过及时的反馈和积极的鼓励，帮助学生建立自信心和学习动力，激发他们的学习兴趣和好奇心。这种反馈和鼓励可以是口头或书面的，可以是针对学生学习表现的肯定和鼓励，也可以是针对学生解决问题的指导和帮助，能够激励学生积极参与学习，提高他们的学习动机和积极性。

提供角色模型也是激发学生兴趣和好奇心的重要策略之一。教师可以向学生介绍一些具有学术成就或实践经验的优秀人士，让他们成为学生的学习榜样和激励对象，激发学生的学习兴趣和追求。这些角色模型可以是科学家、创新者、社会活动家等，能够向学生传递正能量和积极影响，激励他们不断探索和进步。

促进合作学习是激发学生兴趣和好奇心的又一重要策略。教师可以组织学生进行小组合作学习，让他们相互交流和合作，共同解决问题和完成任务，从而激发他们的学习兴趣和好奇心。合作学习可以促进学生之间的互动和交流，能够激发学生的思维和创造力，提高他们的学习动机和积极性。

利用多媒体技术也是激发学生兴趣和好奇心的有效手段之一。教师可以利用多媒体技术，如图片、视频、动画等，丰富课堂教学内容，激发学生的视觉和听觉感受，提高他们的学习兴趣和好奇心。这些多媒体资源可以生动形象地展示知识内容和问题情境，引发学生的思考和讨论，促使他们积极参与学习。

（二）指导学生自主学习和探究的策略

指导学生自主学习和探究是研究性学习的核心目标之一，教学策略在这一过程中扮演着至关重要的角色。通过合适的策略，教师能够引导学生充分发挥自主性、探究精神和创造力，实现个性化学习和深度理解。以下将详细论述研究性学习的教学策略。

激发学生的好奇心和求知欲是指导学生自主学习和探究的关键策略之一。教师可以通过设计引人入胜的教学内容和活动，引发学生的兴趣和好奇心，激发他们主动探索和学习的欲望。例如，可以通过生动的故事、有趣的实例或引人入胜的视频引导学生思考和探索课题，让他们从内心产生对知识的渴望。

提供适当的学习资源和环境也是指导学生自主学习和探究的重要策略。教师可以为学生提供丰富多样的学习资源，包括教科书、参考书、网络资料、实验设备等，以满足其不同层次和兴趣的学习需求。同时，教师还应当营造开放、合作、探究的学习环境，鼓励学生自由表达和交流，激发他们的学习热情和创造力。

培养学生的自主学习能力和探究技能是指导学生自主学习和探究的重要策略之一。自主学习能力包括学习目标的设定、学习计划的制订、学习方法的选择、学习过程的管理和学习成果的评价等方面，教师可以通过示范、引导和训练，帮助学生逐步掌握自主学习的技能和方法。探究技能包括问题提出、资料收集、实验设计、数据分析和结论推理等方面，教师可以通过问题驱动的教学和实践活动，培养学生的探究精神和创新能力。

采用启发式教学和问题导向的教学方法是指导学生自主学习和探究的有效策略之一。启发式教学强调通过提出挑战性问题和情境，引导学生自主探索和发现知识，而不是简单地传授答案和结论；问题导向的教学方法则强调通过学生自主提出问题、解决问题和分享成果，促进他们的思考和合作。这种教学方法有助于激发学生的思维活动和创造性思维，培养其独立思考和解决问题能力。

提供及时的指导和反馈是指导学生自主学习和探究的关键策略之一。在学习过程中，学生可能会遇到各种困难和问题，需要教师及时给予指导和支持。教师可以通过个别辅导、小组讨论、网络交流等方式，帮助学生解决学习中的难题，澄清疑惑，指导其学习方向和方法。同时，教师还应当及时给予学生反馈，鼓励其积极参与学习和探究，指出其优点和不足，促使其进步和成长。

鼓励学生参与实践活动和项目研究是指导学生自主学习和探究的有效策略之一。实践活动和项目研究是研究性学习的核心内容，能够让学生通过实际操作和探索，深入理解知识和掌握技能。教师可以通过设计真实性强、具有挑战性的实践任务和项目研究，激发学生的学习热情和创造力，培养其解决实际问题的能力和实践能力。

二、研究性学习的教学方法

（一）案例学习法

案例学习法注重学生的主动参与和实践操作。通过引入具体的案例，学生能够更好地理解和运用所学知识，从而增加学习的深度和广度。案例学习能够激发学生的学习兴趣和积极性，提高学习的效果。例如，在商科类课程中，可以选取真实的企业案例，让学生分析和讨论企业管理、市场营销、财务决策等问题，从而加深学生对相关理论的理解和应用。

案例学习法能够促进学生的批判性思维和判断力。在案例学习过程中，学生需要分析案例中的问题和挑战，提出合理的解决方案，并评估各种可能产生的影响和后果。这种思考过程能够培养学生的逻辑思维能力和判断能力，使其具备分析和解决复杂问题的能力。例如，在法律类课程中，可以选取具有争议性的法律案例，让学生从不同的法律角度进行分析和讨论，培养其法律思维和判断力。

案例学习法有利于培养学生的团队合作和沟通能力。在案例学习过程中，通常需要学生组成小组，共同分析和解决案例中的问题。通过与同学合作，学生能够学会有效地沟通和协作，共同探讨问题，分享观点和经验，形成共识并达成一致意见。这种团队合作的经验能够提高学生的团队意识和组织协调能力，为其未来的工作和生活奠定基础。

案例学习法能够促进跨学科的综合性学习。由于案例通常涉及多个学科领域，学生需要综合运用各种学科知识和技能去解决复杂的实际问题。通过跨学科的学习和思考，学生能够拓宽视野，加深对学科之间相互关系的理解，培养综合性的思维和创新能力。例如，在环境科学类课程中，可以选取与环境保护相关的案例，让学生从自然科学、社会科学、人文科学等多个角度进行分析和思考，培养其综合性的环境意识和解决问题的能力。

案例学习法有助于培养学生的自主学习能力和持续学习的意识。通过案例学习，学生不仅能够获取知识，还能够培养自主探究和学习的习惯。他们能够主动查找和分析案例资料，提出问题和假设，积极寻求解决方案，并不断反思和总结经验。这种自主学习的过程能够激发学生的学习兴趣和求知欲，培养其终身学习的意识和能力。

（二）问题导向学习法

问题导向学习法强调以问题为中心，通过引导学生提出问题、解决问题，促进其深层次的学习和思考。在研究性学习中，问题导向学习法可以激发学生的学习兴趣，培养其解决问题的能力，提高其自主学习和创新思维能力。通过提出具体问题，学生可以主动探究、积极参与，形成自主学习的氛围，从而达成课程目标。

1. 问题导向学习法的原理和实践

以问题为导向。问题是学习的起点和动力源，是学生学习的动机和目标。通过引入具有挑战性和启发性的问题，可以激发学生的好奇心和求知欲，引导他们主动探究和解决问题，从而促进学习的开展和发展。

以学生为中心。学生是问题导向学习的主体和核心，是学习的主动者和建构者。教师不再是传统意义上的知识传授者，而是学生学习的引导者和指导者。通过设定问题情境和提供必要的支持，教师可以引导学生进行自主学习和合作学习，从而实现学生的全面发展和提高。

以团队合作为基础。团队合作是问题导向学习的重要手段和实践方式。学生在团队中相互交流和合作、共同探究和解决问题、共享知识和经验、提高学习效果和成果。通过团队合作，学生不仅可以学会积极参与学习，还可以学会相互支持和尊重，并培养其合作精神和团队意识。

以反馈和评价为支撑。反馈和评价是问题导向学习的重要环节和保障措施。教师可以通过及时的反馈和有效的评价，帮助学生了解自己的学习情况和成果，发现不足和改进的方向，从而促使学生的进步和成长。同时，学生也可以通过相互评价和自我评价，加深对自己学习的认识和理解，提高学习的自觉性和主动性。

2. 设计和引导问题导向学习

设计引人入胜的问题是问题导向学习的基础。教师应当根据学生的年龄、兴趣、学习水平和学科特点，设计具有挑战性和启发性的问题，以引发学生的思考和探究欲望。问题可以是开放性的、多样性的，涉及不同的学科领域和现实生活中的问题。例如，一个关于环境污染的问题可以是："如何减少城市交通对空气质量的影响？"这样的问题能够激发学生的创造性思维，引导他们从不同角度思考和解决问题。

提供合适的学习资源和支持是问题导向学习的关键。学生在探究解决问题的过程中，需要丰富多样的学习资源和信息支持，包括教科书、参考书、网络资料、实验设备、专家访谈等。教师应当根据问题的特点和学生的需求，提供相应的学习资源和支持，帮助学生深入了解问题、收集相关资料、积极探索解决问题的途径。同时，教师还应当根据学生的不同情况和需要，给予个性化的指导和帮助，促进其自主学习和探究。

建立合作学习和团队合作的机制是问题导向学习的有效策略之一。学生在解决问题的过程中，可以通过小组讨论、合作研究、共同探究等方式，相互交流、共享经验、互相启发，促进思维碰撞和知识共建。教师可以根据学生的兴趣和特长，组织不同类型的小组合作，培养学生的合作精神和团队意识，促进他们共同解决问题，达到协同学习和共同成长的目的。

注重实践活动和项目研究是问题导向学习的重要内容之一。学生在解决问题的过程中，应当通过实践活动和项目研究，将理论知识应用到实际情境中，加深理解。实践活动可以包括实地考察、实验操作、观察调查等，帮助学生获取实践经验和数据支持。项目研究可以包括设计方案、开展调研、收集数据、分析结果等，帮助学生提出解决方案和总结成果。通过实践活动和项目研究，学生能够培养解决实际问题的能力和实践能力。

注重学生的反思和评价是问题导向学习的必要环节。学生在解决问题的过程中，应当不断进行反思和评价，总结经验、发现问题、改进方法，从而不断提高解决问题的能力和水平。教师可以通过讨论、写作、展示等方式，引导学生进行反思和评价，帮助他们深入理解问题、反思学习过程、提高解决问题的效率和质量。同时，教师也应当及时给予学生反馈，指出其优点和不足之处，鼓励其积极进取，不断改进和提高解决问题的能力。

第三节 研究性学习中的跨学科合作与资源整合

一、跨学科合作在研究性学习中的意义

（一）跨学科合作在研究性学习中的作用和价值

跨学科合作能够促进知识的融合与创新。不同学科领域之间存在着丰富的交叉点和共通之处，跨学科合作能够促使各个学科之间的知识得以交流、融合和共享。在研究性学习中，学生需要通过跨学科合作，从不同学科的角度去解决复杂问题，这种跨界思维能够激发学生的创新能力，促进新知识的发现和创造。

跨学科合作有助于拓宽学生的视野和思维方式。传统的学科教育往往会导致学生对于某一学科领域的过度专注，而忽视了其他学科领域的重要性。跨学科合作能够让学生接触到不同学科的知识和思维方式，拓宽他们的视野，培养他们跨学科的综合性思维，使其能够更全面地理解和解决问题。

跨学科合作有助于培养学生的团队合作和沟通能力。在跨学科合作的过程中，学生需要与来自不同学科背景的同学合作，共同探讨问题，共同迎接挑战。这种团队合作的经验能够提高学生的团队意识和组织协调能力，促进他们有效地沟通和协作，为未来的工作和生活打下坚实基础。

跨学科合作有助于培养学生的批判性思维和判断力。在跨学科合作的过程中，学生需要从多个学科角度去分析和评价问题，提出合理的解决方案，并评估各种可能产生的影响和后果。这种思考过程能够培养学生的逻辑思维能力和判断能力，使其能够更好地理解和应用所学知识，解决复杂的实际问题。

跨学科合作有助于促进教育的综合发展。在当今知识爆炸和信息时代，单一学科知识已经不能满足社会发展和人才培养的需要，培养具有跨学科综合素养的复合型人才成为时代目标。跨学科合作为实现这一目标提供了重要途径，能够促进教育的综合发展，培养具有广泛知识面和综合能力的人才，为社会的发展和进步作出贡献。

（二）跨学科合作在不同领域的应用实践

跨学科合作在不同领域的应用实践是多方面的。在科学研究领域，跨学科合作可以促进不同学科之间的知识交流与整合，推动科技创新与发展。例如，生物学、化学、物理学等不同学科的交叉合作可以推动生物医药领域的发展，提高医疗水平和服务质量。在教育领域，跨学科合作可以促进教学资源的整合与共享，提高教学效果和学习体验。例如，语文、数学、艺术等不同学科的融合教学可以促进学生综合素质的发展，培养其创新意识和综合能力。在社会领域，跨学科合作可以促进社会问题的综合解决，推动社会进步与发展。例如，法律、经济、社会学等不同学科的跨界合作可以促进社会治理和公共管理的改进，促进社会和谐稳定。

跨学科合作在研究性学习中具有重要意义。研究性学习强调通过自主探究和合作学习，培养学生的批判性思维和创新能力。而跨学科合作能够为研究性学习提供丰富的资源和视角，促进学生跨越学科边界，拓展学科思维，提高学习深度和广度。通过跨学科合作，学生可以接触到不同学科领域的知识和方法，拓宽视野，增强综合能力。例如，学生可以结合数学、物理、化学等不同学科的知识，开展科学实验或工程项目，解决实际问题，培养创新精神和工程素养。同时，跨学科合作还可以促进学生之间的合作与交流，培养团队合作和沟通能力，提高学生的综合素质和竞争力。

要推动跨学科合作在研究性学习中的实践，需要加强跨学科合作的组织与管理，提供良好的跨学科合作平台和资源支持。教育机构可以建立跨学科合作的学术团队或项目组，组织开展跨学科合作的教学活动和科研项目，鼓励教师和学生跨学科合作。同时，还可以加强跨学科师资队伍建设，培养具有跨学科思维和能力的教师和学生，推动跨学科合作在研究性学习中的深入发展。

二、资源整合在研究性学习中的应用

（一）教师资源整合的策略与技巧

教师资源整合是指教师在教学实践中，充分利用各种资源，包括教学资源、教育技术、社会资源等，为学生提供丰富多样的学习支持和服务。在研究性学习中，资源整合发挥着重要作用，能够为学生提供更广阔的学习空间和更丰富的学习资源，促进学生的独立思考和创新能力的培养。为此，教师可以采用一系列策略与技巧来进行资源整合，以支持学生的研究性学习。

建立资源网络。教师可以积极主动地建立与学校、社区、企业等相关单位的合作关系，获取丰富的教学资源和社会资源。例如，与图书馆合作，获取丰富的图书、期刊和文献资源；与科研院所合作，开展实验和调研活动；与企业合作，开展实践和实习活动。通过建立资源网络，教师可以为学生提供更多样化的学习机会和学习支持，丰富学生的学习体验和学习内容。

整合教学资源。教师可以收集整理各种教学资源，包括教材、教学案例、多媒体课件、网络资源等，建立自己的资源库。在课堂教学中，教师可以根据教学内容和学生需求，灵活运用这些资源，丰富教学内容和教学方法，提高教学效果和教学质量。例如，教师可以利用多媒体课件展示相关实例和案例，引发学生的兴趣和好奇心，激发他们的学习动机和求知欲。

利用教育技术。教师可以充分利用现代教育技术，如互联网、电子教学平台、在线课程等，拓展学生的学习空间和学习资源。通过网络资源，学生可以随时随地获取各种学习资料和信息，进行自主学习和探究。同时，教师还可以利用教育技术开展在线讨论、网络调研、虚拟实验等活动，促进学生的互动和合作，提高他们的学习效果。

鼓励学生参与社会实践。通过社会实践，学生可以拓宽视野、增长见识，了解实际问题和需求，提高实践能力和解决问题的能力。同时，教师还可以引导学生将社会实践与课堂学习相结合，将所学理论知识应用于实践中，促进理论与实践的有机结合，提高学生的学习质量和学习效果。

创设开放性学习环境。教师可以创设开放性的学习环境，激发学生的探索欲和创新意识。在这样的学习环境中，学生可以自由选择学习内容和学习方式，展开自主学习和合作学习，发挥个人优势和团队合作，实现共同成长和共同发展。同时，教师还可以为学生提供相关指导和支持，帮助他们解决学习中的问题和困难，促进学生的研究性学习能力的培养和提高。

（二）资源整合在研究性学习中的作用和优势

资源整合能够为学生提供丰富多样的学习资源。随着信息技术的发展，学习资源呈现出多样化、数字化和全球化的趋势，包括教科书、参考书、期刊论文、网络资料、视频教程、实验设备等。资源整合能够将这些分散的学习资源整合在一起，为学生提供便捷的获取渠道和丰富的选择，满足其不同层次、兴趣和学科的学习需求。

资源整合能够提供个性化学习的支持。每个学生的学习水平、兴趣爱好和学习风格有所不同，传统的教学模式往往无法满足其个性化学习需求。资源整合能够根据学生的特点和需求，提供个性化的学习资源和支持，帮助他们按照自己的节奏和方式进行学习，实现个性化学习和深度理解。

资源整合能够促进跨学科的整合和交叉融合。研究性学习往往涉及多个学科领域和知识体系，需要学生综合运用各种学科知识和方法。资源整合能够将不同学科领域的学习资源整合在一起，为学生提供跨学科的学习平台和综合性的学习体验，促进其跨学科的整合和交叉融合。

资源整合能够促进学生自主学习和探究能力的发展。研究性学习强调学生的自主性、探究性和创造性，而资源整合能够为学生提供丰富多样的学习资源和支持，激发其学习兴趣和动力，帮助其积极参与学习和探究过程，从而培养其自主学习和探究能力。

资源整合能够提升教学效果和学习成果。研究性学习强调学生的主动参与和实践活动，而资源整合能够为学生提供丰富多样的学习资源和支持，丰富学习内容、提升学习质量，从而提升教学效果和学习成果。

在实际应用中，资源整合可以通过多种方式实现。教师可以利用网络平台和教育应用程序，为学生提供在线学习资源和支持，如网络课程、电子教材、在线实验室等。教师可以利用数字化技术和多媒体设备，为学生提供丰富多样的学习资源和支持，如视频教程、动画演示、虚拟实验等。教师还可以通过合作机构和专业团体，引入外部资源和专家支持，丰富学生的学习体验和资源来源。

第四节 社会参与与实践经验在研究性学习中的应用

一、社会参与与实践经验的概述

（一）社会参与与实践经验的特点

社会参与与实践经验具有多样性。社会参与与实践经验涵盖了各个领域和各个层面的实践活动，包括社会实践、科技创新、文化艺术、体育健身等方面。个体可以通过参与社会活动、参加实践项目、参与社团组织等方式，积累实践经验，丰富自己的社会经历和人生阅历。

社会参与与实践经验具有实践性。社会参与与实践经验是通过亲身实践活动获得的，具有鲜明的实践特点。个体通过参与实际活动、解决实际问题，不断地积累和提高自己的知识、技能和经验，实现个人的全面发展和自我实现。

社会参与与实践经验具有交互性。社会参与与实践经验是个体与社会、与他人互动的过程。在实践活动中，个体不仅能获取知识和技能，还能与他人进行交流和合作，共同解决问题、实现目标。通过与他人的交流和合作，个体可以获得更丰富的知识和经验，拓宽自己的学习视野和人际关系。

社会参与与实践经验具有价值性。社会参与与实践经验不仅对个体自身具有重要意义，还对社会发展和进步具有积极作用。通过社会参与与实践经验，个体可以提高自己的社会责任感和社会参与意识，积极参与社会建设和发展，为社会发展和进步作出贡献。

（二）社会参与与实践经验在研究性学习中的作用和价值

社会参与与实践经验在研究性学习中扮演着重要的角色，在学生的学习和成长上的深远的影响，体现了其重要的作用和价值。

社会参与与实践经验可以丰富学生的学习内容，拓宽学习视野。通过参与社会实践活动，学生可以接触到真实的社会问题和挑战，了解社会发展的现状和需求。例如，参与社区服务、志愿者活动、实习实践等，可以让学生深入了解社会各个领域的运作机制和问题，为其学习提供丰富的案例和素材，促进其对学科知识的深入理解和应用。

社会参与与实践经验可以培养学生的实践能力和解决问题的能力。通过实践活动，学生可以将所学理论知识应用到实际问题中，锻炼解决问题的能力和创新意识。例如，参与社会调查、社会实验、社会创新项目等，可以让学生提出问题、设计方案、实施计划，培养其分析问题、解决问题的能力，提高其实践技能和创新能力。

社会参与与实践经验可以促进学生的综合素质和人文精神的培养。通过参与社会实践活动，学生可以培养社会责任感、团队合作精神、公民意识等重要素质，提高其综合素质和社会竞争力。同时，社会实践也可以促进学生的人文关怀和社会关注，培养其关爱他人、关心社会的情感和品质，促进其健康成长和全面发展。

社会参与与实践经验可以促进学生的自主学习和个性发展。通过参与社会实践活动，学生可以主动探索、积极学习，培养自主学习的能力和习惯。例如，参与社会实践项目、社会创新竞赛等，可以让学生根据自身兴趣和能力选择适合的实践项目，发挥个人特长，实现个性发展和成长成才。

二、社会参与与实践经验在研究性学习中的具体应用

（一）社会参与与实践经验的融入教学设计

社会参与与实践经验的融入教学设计是研究性学习的重要组成部分，能够丰富学生的学习体验，拓宽学生的学习视野，提高学生的学习质量和学习效果。在研究性学习中，社会参与与实践经验的具体应用可以体现在课程设计、教学活动、评价方法等方面。

社会参与与实践经验可以融入课程设计。教师可以结合社会实践活动，设计具有实践性和探究性的课程内容和课程任务。例如：在地理课程中，教师可以组织学生进行地理调查和实地考察，让他们亲身体验地理知识的应用和实践；在历史课程中，教师可以组织学生参与历史文化遗产保护和传承活动，让他们感受历史文化的魅力和意义。通过将社会参与与实践经验融入课程设计，可以增强学生的学习兴趣和学习动机，促进他们的深入学习和全面发展。

社会参与与实践经验可以融入教学活动。教师可以组织学生参与各种社会实践活动，如社会调研、社区服务、志愿活动等，让他们走出校园，接触社会、了解社会、服务社会。

例如：在语文课程中，教师可以组织学生参加文学创作比赛或朗诵比赛，提高他们的语言表达能力和文学素养；在科学课程中，教师可以组织学生参与科学实验和科技创新竞赛，培养他们的实验技能和创新意识。通过这些教学活动，学生可以将所学知识和技能应用于实践中，提高他们学习的实效性和应用性。

社会参与与实践经验可以融入评价方法。教师可以采用多种评价方法，如项目评价、实践评价、综合评价等，评价学生的社会参与和实践经验。例如，在项目评价中，教师可以评价学生参与社会实践活动的主动性和积极性，评价他们解决实际问题的能力和水平；在实践评价中，教师可以评价学生在实践活动中的表现和成果，评价他们应用所学知识和技能的能力和水平。通过这些评价方法，可以全面客观地了解学生的学习情况和学习效果，促进他们的全面发展和提高。

社会参与与实践经验还可以融入课外拓展活动。教师可以组织学生参加各种社会实践项目和竞赛活动，如科技创新竞赛、文化艺术表演、社会实践实习等，拓展学生的学习空间和学习资源，促进他们的全面发展和提高。通过课外拓展活动，学生可以接触更丰富的知识和经验，结识更多的人才和资源，拓宽个人视野和人脉关系，为未来的学习和生活奠定良好的基础。

（二）社会参与与实践经验的组织与管理

社会参与与实践经验可以为学生提供真实的学习场景和情境。研究性学习强调学生的实践活动和项目研究，而社会参与与实践经验可以为学生提供真实的社会问题和实践场景，帮助他们将理论知识应用到实际情境中，加深理解。例如，学生可以通过参与社区服务、实习实训、志愿活动等方式，了解社会现实、感受社会责任、提升社会参与能力。

1.社会参与与实践经验的组织与协调

组织社会参与与实践经验需要建立合适的组织机构和管理体系。学校、教育机构、社会组织等可以建立专门的社会实践部门或项目组，负责组织和协调社会参与与实践经验的开展。这些组织机构需要明确职责分工、建立科学的管理制度，确保社会参与与实践活动的有序开展和有效管理。

协调社会参与与实践经验需要加强多方合作与资源整合。学校、教育机构、社会组织等可以联合开展社会实践项目，共享资源、共同承担责任，实现优势互补、合作共赢。同时，可以加强与政府部门、企业机构、社会团体等的合作，利用各方资源和渠道，丰富社会参与与实践经验的内容和形式。

接下来，具体探讨社会参与与实践经验在研究性学习中的应用。社会参与与实践经验可以作为研究性学习的重要组成部分，为学生提供实践场景和学习平台，促进其深入学习和创新思维。例如，学生可以通过参与社会实践项目、社会调查研究、社会创新竞赛等方式，深入了解社会问题和挑战，提出研究性问题，进行实地调研和数据收集，开展独立研究和探索。通过研究性学习的实践过程，学生可以不断反思和总结，提高自主学习和批判性思维能力，培养解决问题的能力和创新精神。

在研究性学习中，社会参与与实践经验的具体应用还可以包括以下四个方面：

学生可以选择感兴趣的社会实践项目，并结合课程内容进行深入探究和研究。例如，学生可以选择参与社区服务、环境保护、公益活动等实践项目，并结合相关学科知识进行研究性学习，深入探讨相关问题和解决方案。

学生可以参与社会调查研究，并开展独立或团队研究项目。例如，学生可以选择某一社会问题或现象进行调查研究、收集数据、分析问题，并提出解决方案，通过研究性学习实践培养自主思考和创新能力。

学生可以参与社会创新竞赛和项目设计，并结合课程内容进行创新研究和实践。例如，学生可以参加科技创新竞赛、社会创业项目等，结合课程学习内容，开展创新研究和实践，提高创新能力和实践能力。

学生可以参与社会服务和志愿活动，并结合课程学习内容进行相关研究和实践。例如，学生可以选择参与学校、社区、公益组织等的志愿活动，提供服务并结合课程学习内容进行反思和总结，促进社会责任感和公民意识的培养。

2. 评价和反思社会参与与实践经验的效果

评价社会参与与实践经验的效果需要考查其对学生学习、发展和社会的影响。学生在参与社会实践活动后，其学习成果和能力提升是首要考量的方面。评价学生在社会实践中所获得的专业知识、实践技能、解决问题能力等方面的成长。同时，还需要评价社会参与与实践经验对学生综合素质的培养和人文精神的提升，如社会责任感、团队合作精神、公民意识等。还需要考查社会参与与实践经验对学生的个人成长和社会的影响，如其对个人自信心、社会适应能力和社会价值观的塑造。

反思社会参与与实践经验的效果需要分析其存在的问题和不足之处，并提出改进措施和建议。在评价过程中，可能会发现一些问题，如学生参与社会实践活动的积极性不高、实践项目设计不合理、社会资源利用不充分等。针对这些问题，可以提出一些改进措施，如提供更多样化的实践项目、加强实践活动的指导和支持、拓展社会资源合作渠道等，以提高社会参与与实践经验的效果。

第七章 研究性学习与创新能力培养

第一节 创新能力解析

一、创新能力的特征

(一)执行力

执行力的特征包括计划性、组织性和执行力。计划性指的是能够制定清晰明确的目标和计划,并且能够按照计划有条不紊地推进工作。组织性指的是能够有效地组织资源和人力,合理分配任务并协调各方合作以确保任务顺利完成。执行力则是指能够按照计划和组织安排有效地执行任务,克服各种困难和挑战以确保目标的达成。

创新能力的特征包括思维的开放性、解决问题能力和实践能力。思维的开放性指的是能够接受新思想、新观念并能够灵活地运用不同的思维方式进行思考和创造。解决问题能力指的是能够从不同的角度出发,找到问题的根源并提出创新的解决方案。实践能力则是指能够将创新的想法付诸实践,并且能够在实践中不断地进行反思和调整以达到最佳效果。

执行力和创新能力在个人和组织发展中都具有重要意义。在个人发展中,执行力可以帮助个人有效地完成工作任务,提高工作效率并取得更好的职业发展,而创新能力则可以帮助个人在面对复杂的问题和挑战时能够提出新思路、新方法并取得突破性的成就。在组织发展中,执行力可以帮助组织有效地实施战略和计划,提高组织的竞争力和影响力,而创新能力则可以帮助组织不断地推出新产品、新服务并在市场上保持竞争优势。

要培养执行力和创新能力,个人和组织可以采取一系列有效的方法。对于个人而言,可以通过学习管理知识和技能来提高执行力,如时间管理、团队协作和解决问题等。同时,个人还可以通过不断的学习和思考来提高创新能力,如阅读、参加培训和与他人交流等。对于组织而言,可以通过建立良好的组织机制和文化来促进执行力的提高,如设立明确的目标和奖惩机制等。同时,组织还可以通过激励创新和鼓励员工提出新想法来培养创新能力,如设立创新奖励和鼓励员工参与创新项目等。

(二)适应性

适应性和创新能力是当今社会和职场中备受重视的特征,它们在个人和组织的成功中发挥着至关重要的作用。适应性是指个体或组织在面对变化、挑战或新环境时,能够灵活、迅速地调整自己的思维、行为和策略的能力。而创新能力则是指个体或组织在解决问题、应对挑战或实现目标时,能够提出新思路、新方法或新产品的能力。这两种能力互为补充,在不断变化的环境中,适应性为创新提供了土壤,而创新则为适应性赋予了新的可能性。

适应性的特征表现在个体或组织对变化的积极态度和灵活性上。适应性高的个体或组织能够迅速认识到环境的变化,接受并适应这种变化,而不是固守过去的做法或惯例。他们能够调整自己的思维模式和行为方式,灵活地应对新的情境,从而更好地适应新环境的要求。

适应性的特征又表现在个体或组织的学习能力和反馈机制上。适应性高的个体或组织能够不断地学习和积累经验,从失败和挫折中吸取教训,不断地完善自己的能力和策略。他们能够及时反思和调整自己的行为,根据反馈信息做出适当的改变,从而更好地适应环境变化。

适应性的特征还体现在个体或组织的应变能力和创造力上。适应性高的个体或组织能够在面临挑战和压力时保持冷静,寻找解决问题的新途径和新思路。他们能够灵活地运用已有的资源和技能,创造性地应对复杂的情境,从而更好地适应环境的变化。

与适应性相伴随的是创新能力,创新能力的特征体现在个体或组织的开放性和前瞻性上。创新能力高的个体或组织能够保持开放的思维态度,积极倾听和接受不同的观点和想法,不断地吸收新知识和新思想,从而激发创新的灵感和想法。

创新能力表现在个体或组织对问题的重新定义和解决方案的探索上。创新能力高的个体或组织能够重新审视已有的问题和挑战,提出全新的视角和解决思路,勇于挑战传统的观念和做法,大胆地尝试新的方法和技术,从而创造出更加有效和可持续的解决方案。

创新能力还体现在个体或组织的执行力和实践能力上。创新能力高的个体或组织不仅能够提出新的想法和方案,还能够有效地将其付诸实践,通过持续不断的努力和实验,逐步完善和实现创新的目标和愿景。

二、创新能力的培养途径

(一)教育与学习

培养创新能力需要营造积极的学习环境。学习环境应该是开放的、包容的,能够激发学生的好奇心和探索欲望。教师可以通过鼓励学生提出问题、展开讨论,引导他们主动探索知识的边界,培养他们的求知欲和创造力。

注重培养学生的综合素养。创新往往需要跨学科的知识和技能支撑，学生应该具备广泛的知识基础和多样化的技能。教育应该注重培养学生的综合素养，让他们能够灵活地运用各种知识和技能解决实际问题。

同时，教育还应该注重培养学生的批判性思维能力。创新需要对现有知识和观念进行挑战和重新思考，学生应该具备批判性思维的能力，能够对信息进行分析、评估和判断。教育可以通过引导学生进行辩证思考、提出疑问，培养他们的批判性思维能力。

注重培养学生的实践能力也是培养创新能力的重要途径。创新不仅仅是理论上的构想，更需要通过实践来验证和落实。教育应该注重培养学生的实践能力，让他们能够通过实际操作和实验来探索新的解决方案。

教育还应该注重培养学生的团队合作能力。创新往往是一个团队的努力成果，需要不同领域、不同背景的人合作。学生应该具备良好的团队合作能力，能够有效地与他人沟通、协作，共同实现创新目标。教育可以通过组织团队项目、实践活动等方式，培养学生的团队合作能力。

（二）经验积累

经验积累是培养创新能力的关键途径之一。通过积累经验，个人可以在实践中不断地总结和积累知识、技能和经验，从而提升解决问题和创新的能力。在各个领域，经验积累都扮演着至关重要的角色。

经验积累能够帮助个人熟悉并掌握相关领域的知识和技能。通过实践和反复尝试，个人可以逐渐积累起解决问题所需的专业知识和技术技能。例如，在科学研究领域，科研人员通过实验和观察，不断积累实验数据和科学经验，从而深入理解科学原理和规律；在艺术创作领域，艺术家通过不断的练习和创作，积累丰富的艺术经验和创作技巧。

经验积累可以培养个人的解决问题能力。在实践中，个人会面临各种各样的问题和挑战，需要通过自己的努力和经验来解决。通过不断的实践和反思，个人可以逐渐积累解决问题的方法和经验，提升自己的解决问题能力。例如，在工程领域，工程师通过实际的工程项目，不断积累解决工程问题的经验，从而提升自己的工程设计和解决问题能力。

经验积累还可以促进个人的创新能力。在实践中，个人会不断地尝试新的方法和思路，探索解决问题的新途径。通过积累丰富的实践经验，个人可以更加敏锐地发现问题，更加灵活地运用知识和技能，从而产生更多的创新思维和创新方法。例如，在企业管理领域，经验丰富的企业家通过长期的创业实践，积累丰富的管理经验和创新意识，从而推动企业不断创新发展。

经验积累可以帮助个人培养自信心和责任感。通过不断的实践和尝试，个人可以逐渐地积累成功的经验和失败的教训，从而增强自己的自信心和责任感。在面对挑战和困难时，个人可以更加坚定地相信自己的能力，更加积极地承担起责任和义务。例如，在领导力培养中，经验丰富的领导者通过实践和反思，从中逐渐积累领导团队的经验和技巧，从而培养出自信的领导风格和负责任的领导态度。

第二节 研究性学习与创新能力的关系

一、研究性学习对创新能力的塑造

（一）研究性学习促进创新思维的培养

研究性学习是一种基于解决问题和自主探究的学习方式，通过学生自主选择研究课题、收集资料、进行实践和总结经验等活动，促进学生的创新思维和能力的培养。在研究性学习的过程中，学生需要通过批判性思维和创造性思维来解决问题，这有助于激发他们的创新潜能，并提高他们的创新能力。

研究性学习可以培养学生的批判性思维能力。在研究性学习中，学生需要对所选课题进行深入的调查研究，并从不同的角度分析问题，这要求他们具备批判性思维能力。通过批判性思维，学生能够辨别信息的真实性和可靠性，理性地评估不同观点的优缺点，并作出合理的判断和决策。这种批判性思维的培养为学生的创新思维奠定了基础，使他们能够在面对复杂的问题时保持清醒的头脑，并能够从中找到创新的解决方案。

研究性学习可以激发学生的创造性思维能力。在研究性学习中，学生通常需要独立或合作完成一项研究项目，这要求他们具备创造性思维能力。通过独立思考和团队合作，学生可以不断地提出新的想法和观点，并将其付诸实践。在这个过程中，他们会遇到各种各样的挑战和困难，这就需要通过创造性思维找到解决问题的方法。这种创造性思维的培养有助于学生发掘自己的创新潜能，激发他们的创新热情，从而使他们更加积极地参与创新活动。

研究性学习可以培养学生的解决问题能力。在研究性学习中，学生通常需要解决一些真实的问题或挑战，这就要求他们需要具备良好的解决问题能力。通过独立思考、团队合作和实践探索，学生可以逐步提高他们的解决问题能力。在解决问题的过程中，他们会学会分析问题、提出假设、设计实验、收集数据、分析结果，并得出结论。这种解决问题能力的培养为学生的创新思维提供了重要支持，使他们能够更加有效地应对各种复杂的挑战和问题。

研究性学习还可以促进学生的团队合作能力。在研究性学习中，学生通常需要与他人合作完成一项研究项目，这要求他们具备良好的团队合作能力。通过与他人合作，学生可以学会倾听他人的意见和建议，尊重他人的想法和观点，并能够有效地协调团队内部的关系和资源，共同完成任务和达成目标。这种团队合作能力的培养为学生的创新思维提供了重要支持，使他们能够在团队中发挥自己的优势，共同创造出更加优秀的成果。

（二）研究性学习培养创新的方法与技能

研究性学习是一种基于学生自主探究和实践的学习方法，通过让学生参与真实的研究项目或解决问题过程，培养其批判性思维、解决问题能力和创新思维。在这个过程中，研究性学习不仅提供了学生探索和发现的机会，还为他们提供了锻炼创新能力的平台。

研究性学习培养创新的方法之一是通过提供开放性的研究课题。这些课题可以是真实世界中的问题、学科领域中的未解之谜或是学生自身感兴趣的话题。通过让学生自主选择或共同制定研究课题，激发他们的好奇心和求知欲，从而激发其创新思维。

研究性学习注重培养学生的批判性思维和解决问题能力。学生在进行研究性学习时，需要审视和分析已有的知识和观点，提出自己的疑问和假设，并通过实证研究和数据分析验证这些假设。这个过程促使学生思考问题的多种可能性，并培养了他们独立思考和解决问题的能力。

研究性学习强调学生的实践和探索。学生在研究性学习中不仅是知识的接收者，更是知识的创造者和实践者。他们通过实地调查、实验设计、数据收集和分析等方式，积极参与研究过程，从而培养了他们的观察力、实践能力和创新思维。

研究性学习通过鼓励学生提出新颖的观点和解决方案，培养了他们的创新思维和创造力。在研究性学习中，学生不仅需要了解已有的知识和理论，更需要超越传统的思维模式，提出新的理论假设或解决方案，并通过实践来验证其可行性。这个过程促使学生勇于挑战常规，勇于尝试新的思路和方法，从而培养了他们的创新意识和创造力。

二、创新能力促进研究性学习的深化

（一）创新能力对研究性学习动力的激发

创新能力激发了学生对知识的探索欲望。创新者通常具有好奇心和求知欲，他们渴望探索未知领域，并寻求新的解决方案。在研究性学习中，学生如果具备了创新能力，就会更加主动地去探索知识，追求新的发现和理解，从而增强了他们的学习动力。

创新能力培养了学生的批判性思维和解决问题能力。创新不仅仅是提出新的想法，更重要的是能够对问题进行深入的分析和思考，并提出切实可行的解决方案。在研究性学习中，学生需要不断地提出问题、寻找解决方案，而这正是创新能力所擅长的领域。创新能力的培养可以帮助学生更好地理解和解决复杂的问题，从而激发了他们的学习动力。

同时，创新能力也促进了学生对知识的整合和应用。创新往往需要将不同领域的知识进行整合，寻找新的连接和应用。在研究性学习中，学生需要从多个角度去理解和探索知识，将所学知识进行整合，并应用到实际问题中去解决。具备创新能力的学生会更加灵活地运用所学知识，发现新的应用场景，从而提升了他们对学习的积极性和动力。

创新能力还培养了学生的团队合作和沟通能力。创新往往是一个团队的努力成果，需要不同背景、不同专业的人共同合作。在研究性学习中，学生也需要与同学、老师以及其他专家进行合作，共同解决问题。具备创新能力的学生会更加擅长与他人沟通和合作，促进了团队的凝聚力和学习效率，从而增强了学生的学习动力和研究性学习的深化。

（二）创新能力对研究性学习成果的应用

创新能力在研究性学习中的应用是至关重要的。研究性学习强调学生通过主动参与研究项目，探索问题并提出解决方案，从而培养其批判性思维、解决问题能力和创新意识。创新能力的发挥不仅可以促进研究性学习的深化，还可以为学生带来更具有实践意义的学习成果。

创新能力可以帮助学生在研究性学习中提出新颖的研究问题。研究性学习强调学生通过自主选择和确定研究课题，并在此基础上进行深入的探究。具有创新能力的学生能够敏锐地捕捉到现实生活中的问题和挑战，并能够提出独特的研究观点和问题。例如，在一个以环境保护为主题的研究性学习课程中，学生可能会通过创新的角度和方法，提出关于新型环保技术或可持续发展策略的研究问题，从而引领研究的方向和深度。

创新能力可以促进学生在研究性学习中运用多种研究方法和工具。研究性学习要求学生具备灵活地运用各种研究方法和工具的能力，以便更好地解决所研究的问题并获取研究成果。具有创新能力的学生能够跳出传统的思维框架，尝试和探索新的研究方法和工具，从而为研究性学习注入新的活力和创意。例如，在一个以社会调查为主题的研究性学习课程中，学生可能会尝试运用社交媒体或大数据分析等新兴技术，来收集和分析研究数据，从而丰富研究的内容和方法。

创新能力可以帮助学生在研究性学习中提出新颖的解决方案和成果。研究性学习的最终目的是通过学生的研究活动产生具有实践意义和学术价值的研究成果。具有创新能力的学生能够从不同的角度和思维方式出发，提出创新的解决方案和成果，并能够将其应用到实际问题中去。例如，在一个以科技创新为主题的研究性学习课程中，学生可能会通过创新的技术或产品设计，提出解决现实生活中的科技难题或社会问题的新颖方案，从而为社会发展和进步做出积极贡献。

创新能力还可以促进学生在研究性学习中的批判性思维和学术交流能力。研究性学习要求学生具备批判性思维和学术交流能力，以便能够理清思路、表达观点并与他人进行学术讨论和交流。具有创新能力的学生能够通过批判性思维，对所研究的问题进行深入分析和思考，并能够通过清晰的表达和有效的交流，与他人分享自己的研究成果和观点。例如，在一个以学术研讨会为形式的研究性学习课程中，具有创新能力的学生可能会通过创新的研究视角和表达方式，吸引他人的注意并引发学术讨论，从而提升学术交流的质量和效果。

第三节　培养创新能力的教学策略

一、激发学生的好奇心和探索欲望

（一）提供多样化的学习体验

项目驱动的学习是一种有效的教学策略，可以帮助学生培养创新能力。在项目驱动的学习中，学生通常需要以小组形式完成一个具体的项目，从项目的选择、规划、实施到总结都需要学生全程参与。这种学习方式不仅能够激发学生的主动性和合作精神，还能够让他们在实践中不断地尝试新的想法和方法，从而培养他们的创新能力。

问题导向的学习也是一种有效的教学策略，可以帮助学生培养创新能力。在问题导向的学习中，教师通常会提出一个具有挑战性和启发性的问题，然后引导学生通过自主探究和合作探讨来寻找解决问题的方法。这种学习方式可以激发学生的好奇心和探索欲，让他们在解决问题的过程中不断地提出新的想法和观点，从而培养他们的创新能力。

除此之外，实践性的学习也是培养学生创新能力的重要途径之一。实践性的学习可以通过实验、实地考察、实习等形式来进行，让学生在实践中不断地尝试新的方法和技术，从而培养他们的创新意识和能力。通过实践性的学习，学生可以将课堂上学到的知识和技能应用到实际问题中，从而提高他们的创新能力。

跨学科的学习也可以帮助学生培养创新能力。跨学科的学习可以打破学科之间的界限，让学生在不同学科领域之间进行交叉学习和思维碰撞，从而激发他们的创新思维和创新意识。通过跨学科的学习，学生可以从不同的角度和思维方式来思考和解决问题，从而培养他们的创新能力。

创客教育也是一种有效的教学策略，可以帮助学生培养创新能力。创客教育强调学生通过动手实践来学习和创造，通过自己动手制作产品或解决实际问题来培养他们的创新意识和创新能力。通过创客教育，学生可以从实践中不断地尝试和失败，并从中积累经验和教训，从而提高他们的创新能力。

（二）引导学生提出问题和解决问题

教师可以通过引导学生提出开放性的问题来激发其创新思维。开放性的问题通常不仅有一个明确的答案，而且可以引发多种可能性的思考和讨论。例如，教师可以提出一个具有挑战性和启发性的问题，鼓励学生从不同的角度和思维模式来思考和回答，从而培养其批判性思维和创新意识。

教师可以通过启发性的教学材料和活动来引导学生提出问题和解决问题。教师可以选取一些具有争议性或未解之谜的案例、实例或文献，引导学生进行深入的思考和探讨，并提出自己的疑问和假设。同时，教师还可以设计一些启发性的实验或实践活动，让学生参与问题的解决过程，从而培养其实践能力和创新思维。

教师可以通过课堂讨论和互动来引导学生提出问题和解决问题。在课堂上，教师可以采用问答、小组讨论、案例分析等形式，与学生进行密切互动，鼓励他们提出自己的观点和想法，并进行深入的探讨和辩论。通过这种方式，教师可以激发学生的思维活跃度，促进其思考和创新能力的发展。

教师可以通过提供适当的指导和支持来引导学生提出问题和解决问题。在学生独立进行研究或项目时，教师可以给予他们必要的指导和建议，帮助他们明确研究目标和方法，解决遇到的困难和挑战。同时，教师还可以提供资源和信息支持，鼓励学生积极探索和创新，从而培养其自主学习和解决问题能力。

教师还可以通过评价和反馈来促进学生提出问题和解决问题的能力。在学生完成研究或项目后，教师可以对其成果进行评价和反馈，指出其优点和不足之处，并提出建设性的意见和建议。通过及时的反馈和指导，学生可以不断地改进和提升自己的研究能力和创新水平，从而实现持续的成长和发展。

二、鼓励接受失败和尝试

（一）打破传统评价标准，鼓励学生尝试新方法

教师可以设计开放性的任务和项目。传统的评价标准往往侧重于学生对已有知识的掌握和应用，而开放性的任务和项目则更注重学生的创新思维和解决问题的能力。通过给予学生一定的自由度和探索空间，让他们能够自主选择研究方向、提出问题，并通过实践去寻找解决方案，从而激发了他们的创新潜力。

教师可以采用项目导向的教学方法。项目导向的教学强调学生通过参与实际项目来学习知识和技能，这有助于提高学生的学习动机和学习兴趣。在项目中，学生需要面对各种挑战和问题，需要灵活运用所学知识和技能，以培养他们的创新能力。

教师可以鼓励学生参与实践性的学习活动。实践性的学习活动包括实验、实地考察、实习等，这些活动可以帮助学生将所学的知识应用到实际问题中，从而培养了他们的实践能力和创新能力。通过实践性的学习活动，学生不仅可以巩固所学知识，还可以培养解决问题的能力和创新思维。

教师可以采用跨学科的教学方法。创新往往需要跨学科的知识和技能来支撑，教师可以通过跨学科的教学方法，将不同学科的知识和技能有机结合起来，帮助学生更全面地理解和解决问题，从而培养了他们的创新能力。

教师可以鼓励学生进行团队合作。创新往往是一个团队的努力成果，需要不同背景、不同专业的人合作。教师可以通过组织团队项目、合作研究等方式，培养学生的团队合作能力和创新能力。通过与他人的合作，学生不仅可以共同解决问题，还可以互相学习、互相启发，从而提升了他们的创新潜力。

（二）培养学生面对失败的勇气和逆境应对能力

培养学生面对失败的勇气和逆境应对能力是教育中至关重要的一环。在现实生活和职业领域中，成功往往伴随着挑战和失败，而能够从失败中学习并坚持不懈的人往往能取得更大的成就。同时，培养创新能力也是当今教育的重要目标之一。创新能力不仅可以促进个人的学术和职业发展，还可以推动社会进步和发展。教学策略应该兼顾培养学生面对失败的勇气和逆境应对能力以及培养创新能力这三个方面。

教师可以通过设立挑战性项目或任务来培养学生面对失败的勇气。这些项目或任务可以设计得具有一定难度和挑战性，让学生在完成过程中可能会遇到失败或挫折。通过面对这些挑战，学生可以逐渐培养起面对失败的勇气和积极应对挫折的能力。在教学中，教师可以引导学生从失败中吸取教训，思考失败的原因，并鼓励他们勇敢尝试，不断地改进和进步。例如，在一个创新性的设计项目中，学生可能会面临设计方案被否决或原型测试失败的情况，教师可以引导他们从失败中寻找原因，并鼓励他们勇敢尝试新的方法和思路。

教师可以通过实践性的教学活动来培养学生面对逆境的应对能力。这些实践性的活动可以设计成模拟现实生活中的挑战和困难，让学生在一个相对安全的环境中进行实践和体验。通过这些活动，学生可以逐渐培养起应对逆境的心态和方法，提升自己的心理韧性和适应能力。例如，在一个模拟企业经营的项目中，学生可能会面临市场竞争激烈、资金紧张等困难，教师可以引导他们团队合作、克服困难，并在失败和挫折中不断地成长和进步。

教师可以通过鼓励学生参与创新性的实践项目来培养他们的创新能力。这些项目可以设计成与实际问题或社会需求相关的任务，鼓励学生从不同的角度出发，提出创新的解决方案和成果。通过参与这些项目，学生可以锻炼自己的创新思维和创造力，培养解决问题和应对挑战的能力。例如，在一个社会创新项目中，学生可以通过调研社会问题、设计创新方案、实施项目并评估成果，从而锻炼自己的创新能力和实践能力。

教师还可以通过提供丰富的学习资源和支持来帮助学生培养创新能力。这些学习资源可以包括各种图书、期刊、网络资源、专家讲座等，为学生提供广阔的学术视野和专业知识。同时，教师可以为学生提供个性化的指导和支持，帮助他们克服困难、解决问题，并鼓励他们勇敢尝试和创新。例如，在一个创业导向的课程中，教师可以为学生提供创业导师的支持和指导，帮助他们从创意到商业化的过程中解决问题和应对挑战，从而培养其创新能力和创业精神。

第四节 研究性学习与社会创新

一、研究性学习促进社会创新的机制

（一）培养学生的创新思维与能力

研究性学习可以提供自主探究的机会，激发学生的好奇心和求知欲。在研究性学习中，学生通常可以选择自己感兴趣的课题或问题进行深入研究，这使得学习更加具有吸引力和动力。通过自主选择研究课题、收集相关资料、进行实地调研和实验等活动，学生可以逐步培养自己的创新思维和解决问题的能力。

研究性学习可以促进学生的批判性思维和创造性思维的发展。在研究性学习中，学生通常需要对所选课题进行深入的分析和探讨，从不同的角度思考问题，并提出自己的见解和观点。通过批判性思维，学生可以辨别信息的真实性和可靠性，理性地评估不同观点的优缺点，并作出合理的判断和决策。通过创造性思维，学生可以提出新的想法和观点，并将其付诸实践，从而找到创新的解决方案。

研究性学习可以培养学生的解决问题能力和团队合作能力。在研究性学习中，学生通常需要解决一些复杂的问题或挑战，这要求他们具备良好的解决问题能力。通过独立思考、团队合作和实践探索，学生可以逐步提高他们的解决问题能力，并在实践中不断地尝试新的方法和技术，从而培养他们的创新意识和创新能力。同时，通过与他人合作完成研究项目，学生还可以学会倾听他人的意见和建议，尊重他人的想法和观点，并能够有效地协调团队内部的关系和资源，共同完成任务和达成目标。

研究性学习还可以培养学生的实践能力和社会责任感。在研究性学习中，学生通常需要将所学知识和技能应用到实际问题中去，通过实践探索和创新实践，解决社会现实中存在的问题，并为社会发展作出贡献。通过参与社会实践和志愿活动，学生可以了解社会的需求和挑战，培养自己的社会责任感，并通过创新实践为社会创新提供新思路和新方法。

（二）培育创新型人才的社会需求

研究性学习培养了学生的批判性思维和解决问题能力，从而为社会创新提供了坚实的人才基础。在研究性学习中，学生需要对已有的知识和观点进行批判性思考，提出自己的疑问和假设，并通过实证研究和数据分析验证这些假设。这个过程不仅培养了学生的科研能力，更锻炼了他们解决复杂问题的能力，使其具备了在社会实践中探索和创新的能力。

研究性学习注重学生的实践和探索，培养了他们的创新思维和实践能力。在研究性学习的过程中，学生不仅是知识的接收者，更是知识的创造者和实践者。他们通过实地调查、实验设计、数据收集和分析等方式，积极参与研究过程，从而锻炼了自己的观察力、实践能力和创新思维，为将来在社会实践中解决问题和推动创新奠定了基础。

研究性学习强调跨学科的整合和合作，为社会创新提供了多元化的思维和资源支持。在研究性学习的过程中，学生往往需要跨越学科界限，综合运用不同学科的知识和方法来解决复杂的问题。同时，学生还需要与同学、老师以及外部专家进行合作，共同探讨和解决研究问题，从而培养他们团队合作和交流协作的能力，为社会创新提供跨学科的思维和资源支持。

研究性学习通过鼓励学生提出新颖的观点和解决方案，培养了他们的创新意识和创造力，为社会创新提供了源源不断的创新动力。这个过程促使学生勇于挑战常规，勇于尝试新的思路和方法，从而为社会创新提供了新的思想和动力。

研究性学习通过培养学生的自主学习和持续学习能力，为其未来在社会创新中持续贡献提供了基础。在研究性学习中，学生需要自主选择研究课题、制定研究方案、开展实验和分析数据等，从而培养了他们的自主学习和解决问题能力。同时，研究性学习还通过持续的学习和实践，帮助学生不断积累经验和知识，不断提升自己的研究水平和创新能力，为其未来在社会创新中发挥更大的作用奠定了基础。

二、社会创新驱动研究性学习的路径

（一）社会问题与研究性学习主题的对接

社会问题与研究性学习主题的对接是社会创新驱动研究性学习的重要路径。在当今社会，各种社会问题层出不穷，这些问题涉及经济、环境、社会等多个领域，需要有创新的解决方案来加以应对。而研究性学习作为一种注重学生主动探究、解决问题的学习方式，恰好能够与社会问题对接，通过学生的研究探索，促进社会创新的发展。

社会问题为研究性学习提供了丰富的研究主题。社会问题涉及的范围广泛，包括贫困、环境污染、教育不公等诸多方面。这些问题既是实践性问题，又是学术性问题，为学生的研究性学习提供了丰富的研究主题。学生可以选择一个或多个社会问题作为研究课题，通过深入调查研究，提出解决方案，从而促进了对社会问题的理解和解决。

社会问题激发了学生的学习动力和责任感。面对社会问题，学生往往会产生共鸣和关注，他们希望通过自己的努力为解决问题作出贡献。将社会问题作为研究性学习的主题，能够激发学生的学习动力和责任感，提高他们的学习积极性和主动性。

同时，社会问题培养了学生的实践能力和创新能力。解决社会问题需要学生具备实践能力和创新能力，他们需要通过调查研究、数据分析、方案设计等一系列实践活动来解决问题。在这个过程中，学生不断地提出新的观点、新的方法，锻炼了他们的创新思维和解决问题的能力。

社会问题也促进了学生的团队合作能力和沟通能力。解决社会问题往往需要多方的合作和协调，学生需要与同学、老师以及社会各界人士进行密切的合作，共同制定和实施解决方案。在团队合作中，学生学会了倾听他人的意见、尊重他人的观点，提高了他们的沟通能力和团队合作精神。

社会问题的解决促进了社会的可持续发展。通过学生的研究性学习，发现并解决了一系列社会问题，有助于改善社会环境、提升社会效益，推动社会的可持续发展。研究性学习不仅仅是对问题的理论探讨，更是对解决方案的实践验证，为社会的进步和发展作出了积极贡献。

（二）学校与社会创新实践的合作与对接

学校与社会创新实践的合作与对接是当今教育领域的重要趋势之一。社会创新是指在解决社会问题和满足社会需求的过程中，通过创新的思维和方法，提出新颖的解决方案和成果。学校作为社会的重要组成部分，应该与社会创新实践进行紧密合作与对接，将社会创新驱动融入研究性学习中，为学生提供更加丰富和有意义的学习体验。

学校与社会创新实践的合作与对接可以为学生提供更广阔的实践平台和机会。通过与社会创新组织、企业或社区等合作，学校可以为学生提供参与真实项目和实践活动的机会，让他们亲身体验社会创新的过程和成果。例如，学生可以参与社会创新项目的调研、设计、实施和评估，从而深入了解社会问题和需求，并通过实践探索解决问题的创新方案和方法。

学校与社会创新实践的合作与对接可以促进学生的跨学科学习和综合能力发展。社会创新往往涉及多个学科领域和专业知识，需要学生具备跨学科的综合能力和创新思维。通过与社会创新实践进行合作，学校可以为学生提供跨学科的学习机会和资源，让他们在实践中运用各种学科知识和技能，培养综合能力和创新思维。例如，在一个以可持续发展为主题的社会创新项目中，学生可能需要运用环境科学、社会学、经济学等多个学科的知识，设计和实施可行的解决方案。

学校与社会创新实践的合作与对接可以促进学生的社会责任感和公民意识。社会创新强调解决社会问题和改善社会福祉，需要学生具备社会责任感和公民意识，关心社会问题并为之做出积极的贡献。通过参与社会创新实践，学生可以深刻理解社会问题的现状和影响，并通过自己的行动和实践，为改善社会贡献力量。例如，学生可以参与社区环保项目、教育公益活动等社会创新实践，从而培养起自己的社会责任感和公民意识。

学校与社会创新实践的合作与对接可以促进教师的教学创新和专业发展。通过参与社会创新实践，教师可以不断地拓展自己的教学思路和方法，丰富自己的教学资源和经验，提升自己的教学水平和专业素养。同时，教师还可以借助社会创新实践的平台和资源，开展教学研究和实践探索，推动教育教学改革和创新。例如，教师可以利用社会创新实践的案例和资源，设计和开展与课程内容相关的实践性教学活动，激发学生的学习兴趣和动力。

第八章 各科学领域中的研究性学习

第一节 自然科学领域中的研究性学习

一、研究性学习在自然科学中的定义与特点

（一）自然科学领域中研究性学习的本质

自然科学领域中研究性学习的本质，乃是通过深入的调查、探索和实践，培养学生的科学思维、创新能力和解决问题的技能。研究性学习在自然科学中被定义为一种基于学生主动参与、探索和发现的学习方式，其特点包括问题导向、实践性、探究性和合作性。

研究性学习在自然科学中的定义体现了问题导向。学生通过提出问题、设计实验、收集数据和分析结果等过程，积极参与科学研究的各个环节。这种以问题为导向的学习方式，有助于激发学生的好奇心和求知欲，培养他们主动探索和解决问题的能力。

研究性学习在自然科学中具有实践性。学生通过实际的实验操作和观察现象，将课堂所学的理论知识与实际问题相结合。这种实践性的学习方式，有助于加深学生对科学概念和原理的理解，提高他们的实际操作能力，并培养他们将理论知识应用于解决实际问题的能力。

研究性学习在自然科学中具有探究性。学生在研究性学习过程中，需要不断地探索未知领域、挖掘新知识，培养自己的探究精神和创新能力。他们可能会遇到各种各样的困难和挑战，需要通过不断的实验和探索，寻找解决问题的方法，这种探究性的学习过程，有助于培养学生的科学思维和解决问题的能力。

研究性学习在自然科学中强调合作性。科学研究往往需要团队合作，学生在研究性学习过程中，通常会与同学们合作设计实验、讨论问题、分享经验，共同解决科学难题。这种合作性的学习方式，不仅有助于学生之间的交流与合作，还能够培养他们的团队合作精神和沟通能力。

（二）研究性学习在自然科学中的基本原则

研究性学习在自然科学中的定义需要明确。研究性学习是一种以学生为主体，以问

题为导向，通过实践探究和合作交流，培养学生综合能力和创新思维的学习方式。与传统的教学模式相比，研究性学习注重学生的自主性和参与性，强调学生通过实践解决问题的能力，而不仅仅是被动接受知识。在自然科学中，这种学习方式更加符合科学研究的本质，能够培养学生的科学思维和实践能力。

研究性学习在自然科学中具有几个显著的特点。首先是问题导向。研究性学习强调以问题为导向，通过探究问题来引发学生的思考和学习兴趣。这种方式能够激发学生的好奇心和探索欲，促使他们积极参与学习过程。其次是实践探究。研究性学习注重学生通过实践活动来获取知识和经验，强调学以致用的理念。在自然科学中，实践是非常重要的，只有通过实践才能深入理解科学原理和方法。再次是合作交流。研究性学习倡导学生之间的合作交流和团队合作，通过相互讨论和交流，共同解决问题，促进思维碰撞和创新。最后是思维创新。研究性学习鼓励学生发散性思维和创造性思维，培养他们解决问题的能力和创新意识。在自然科学中，创新是推动科学发展的重要动力，而研究性学习正是培养学生创新精神的有效途径之一。

二、自然科学领域中研究性学习的实践

（一）实验设计与数据分析

自然科学领域的研究性学习实践是培养学生科学素养和创新能力的重要途径。实验设计与数据分析是研究性学习中不可或缺的环节，通过实践性的活动，学生可以深入了解科学方法论，培养解决问题的能力，并在实践中掌握数据分析的技能。

在实验设计阶段，学生需要面对具体问题，从科学问题出发，制定可行的实验方案。这个过程不仅要求学生掌握相关理论知识，还需要他们具备创造性思维和实践操作能力。学生可以通过文献阅读、讨论和实验模拟等方式，积累经验，提出合理的假设，并设计出能够验证假设的实验方案。

在实验进行过程中，学生需要收集、整理和分析数据。数据分析是实验设计的重要环节，通过对数据的统计和推断，可以验证假设，得出科学结论。学生需要掌握统计学方法和数据处理技能，运用适当的统计方法对数据进行分析，并对实验结果进行合理的解释。在这个过程中，学生需要灵活运用所学的知识，解决实际问题，培养科学思维和分析能力。

研究性学习的实践不仅有助于学生理论知识的掌握，还可以培养其科学探究精神和创新意识。通过自主设计实验和数据分析，学生可以培养解决问题的能力和创新思维，提高他们的综合素质。研究性学习还可以激发学生对科学的兴趣，促进他们的科研意识和创新能力的发展。

（二）科学项目研究与论文撰写

科学项目研究与论文撰写在自然科学领域中扮演着至关重要的角色。这种研究性学习的实践旨在培养学生的科学思维、实验技能和创新能力。通过参与科学项目研究，学生将理论知识转化为实际操作，深入了解了科学领域的前沿问题，并通过论文撰写展示他们的研究成果和科学发现。

1. 学生参与科学研究项目的立项与实施

学生参与科学研究项目的立项与实施是自然科学领域中研究性学习的一种重要实践。这种实践不仅能够提高学生的科学素养和专业能力，还能够培养他们的科研能力和创新精神。

学生参与科学研究项目的立项过程是研究性学习的重要组成部分。在这个过程中，学生需要选择一个感兴趣的科学课题，然后提出研究问题、明确研究目标、制定研究方案等。通过参与立项过程，学生可以学习科学研究的基本方法和流程，培养他们的科学思维和解决问题能力。

学生参与科学研究项目的实施过程是研究性学习的关键环节。在这个过程中，学生需要按照研究方案开展实验或调查工作，收集数据、分析结果，并撰写研究报告或论文。通过参与实施过程，学生可以将课堂所学的理论知识应用到实际问题中，加深对科学知识的理解，提高实际操作能力，并培养科学研究的方法论和技能。

学生参与科学研究项目的过程中需要注重团队合作。科学研究往往需要多个人共同合作才能完成，学生需要与导师和同学们密切合作，共同解决科学难题，推动项目的顺利进行。通过团队合作，学生不仅可以相互学习和借鉴经验，还可以培养团队合作精神和沟通能力。

学生参与科学研究项目的实践过程也需要注重实践创新。在科学研究中，常常需要不断地探索和创新，学生需要勇于尝试新的方法和思路，发现新的科学问题，并提出创新的解决方案。通过实践创新，学生不仅可以培养创新意识和创新能力，还可以为科学研究的发展作出贡献。

2. 指导学生进行科学论文写作与学术交流

指导学生进行科学论文写作与学术交流是研究性学习在自然科学领域中的重要实践。通过科学论文写作和学术交流，学生不仅能够深入理解科学研究的方法和过程，还能够提高自己的表达能力和批判思维，从而更好地参与科学研究和学术交流。

科学论文写作是研究性学习的重要组成部分。在自然科学领域，科学论文是学术交流的主要载体，是科学研究成果的重要表现形式。指导学生进行科学论文写作是培养他们科学素养和学术能力的有效途径。在科学论文写作过程中，学生需要通过文献查阅、实验设计、数据分析等环节，逐步完善自己的研究思路和实验结果，并最终将研究成果以科学规范的形式呈现出来。这个过程不仅能够锻炼学生的独立思考和解决问题的能力，还能够提高他们的文献阅读和写作表达能力，培养他们成为具有科学素养的科研人才。

学术交流是研究性学习的另一个重要环节。在自然科学领域，学术交流是科学研究和学术进步的关键，通过学术交流，学者们可以分享彼此的研究成果和经验，促进思想碰撞和合作创新。指导学生参与学术交流活动，如学术会议、研讨会等，是培养他们科学素养和学术背景的重要途径。在学术交流活动中，学生不仅可以向他人展示自己的研究成果，还可以借助他人的意见和建议，进一步完善自己的研究思路和方法。通过与他人的交流互动，学生不仅能够拓宽自己的学术视野，还能够建立与他人合作的良好关系，为今后的科研工作奠定基础。

第二节 社会科学领域中的研究性学习

一、社会科学领域中研究性学习的特点

（一）强调理论与实践相结合

社会科学领域中的研究性学习特点突出，强调理论与实践相结合。这一特点体现在学生在社会科学领域的学习过程中，不仅需要掌握理论知识，还需要通过实践活动将理论知识应用于实际社会问题的解决中，培养其分析、解决问题的能力以及社会实践能力。

社会科学领域中的研究性学习注重理论知识的学习。学生需要通过课堂教学、文献阅读等方式，掌握相关领域的理论知识，包括社会学、心理学、政治学等学科的基本理论框架和研究方法。理论知识的学习是学生深入理解社会现象、分析问题的基础，可以为他们后续的研究性学习奠定基础。

社会科学领域中的研究性学习强调实践能力的培养。学生不仅需要掌握理论知识，还需要通过实践活动，将所学的理论知识应用于实际社会问题的解决中。这包括实地调查、问卷设计、访谈等实践方法，通过实践活动，学生可以深入了解社会现象，积累实践经验，提高解决问题的能力和社会实践能力。

在社会科学领域中研究性学习强调理论与实践相结合。学生不仅需要掌握理论知识，还需要通过实践活动，不断验证和完善理论知识。实践活动可以帮助学生检验理论假设的有效性，发现理论的局限性，并提出新的理论观点或假设。理论与实践相结合的研究性学习过程，既能够加深学生对理论知识的理解，又能够培养其独立思考和创新能力。

社会科学领域中的研究性学习强调跨学科的综合能力培养。社会科学的研究往往涉及多个学科领域，需要学生具备跨学科的综合能力，能够从不同角度分析和解决问题。在研究性学习过程中，学生需要学会跨学科的知识整合和交叉应用，培养综合分析和解决问题的能力。

（二）注重社会问题的深入探讨与解决

社会科学领域中的研究性学习注重对社会问题的深入探讨与解决，这是一种以理论为基础、以实践为导向的学习模式。在这种学习中，学生通过研究社会现象、分析社会问题，并提出解决方案，旨在促进社会进步和改善人类生活。

社会科学领域中的研究性学习强调理论与实践的结合。学生在研究社会问题时，需要运用社会科学理论来分析和解释现象，同时结合实际调查和实证研究来验证理论的有效性。例如，在社会学领域的研究性学习中，学生可能会选择一个特定的社会现象或群体进行调查研究，然后将所获得的数据与社会学理论进行对比分析，以验证理论的适用性并提出改进建议。

社会科学领域中的研究性学习注重社会问题的深入探讨与分析。学生在研究过程中通常会选择一个具体的社会问题或议题，对其进行深入分析和探讨。这种研究性学习有助于学生深入了解社会现象背后的原因和机制，发现问题的根源，并提出可行的解决方案。例如，在政治学领域的研究性学习中，学生可能会选择研究一个国家的政治体制或政治制度变革，通过分析历史数据和政策文献，探讨其对社会发展和政治稳定的影响，并提出相应的政策建议。

社会科学领域中的研究性学习强调跨学科的综合应用。社会问题往往涉及多个学科领域的知识和技能，需要学生具备跨学科的综合能力。在研究性学习中，学生有机会结合社会学、经济学、心理学和政治学等多个学科的理论和方法，进行综合分析和研究。例如，在教育学领域的研究性学习中，学生可能会研究教育不平等问题，这就需要结合教育学理论、社会学调查方法以及经济学分析工具，全面地探讨其影响因素和解决途径。

社会科学领域中的研究性学习强调对社会问题的提出解决方案和实践应用。学生不仅需要对社会问题进行深入分析，还需要提出切实可行的解决方案，并通过实践应用来验证其有效性。例如，在社会工作领域的研究性学习中，学生可能会针对某个特定群体的社会问题提出一套综合的服务方案，然后通过实践来评估方案的效果和可行性，并对其进行改进和优化。

二、社会科学领域中研究性学习的应用

（一）社会调查与数据分析

社会调查与数据分析在社会科学领域中扮演着至关重要的角色，是研究性学习的重要应用之一。通过社会调查和数据分析，学生能够深入了解社会现象、探索社会问题，并通过科学的方法进行研究和分析。

社会调查是社会科学研究的重要手段之一。通过设计问卷、访谈、观察等方式，收集社会实证数据，了解人们的态度、行为和观念。学生可以通过参与社会调查，学习到

调查设计、样本选择、数据收集等技能，培养他们的调查能力和社会观察力。通过实际调查，学生能够深入了解社会现象的真实情况，为后续的数据分析提供基础。

数据分析是社会科学研究的重要方法之一。通过对收集到的数据进行整理、加工和分析，揭示数据背后的规律和联系，深入分析社会问题的成因和影响。学生可以通过学习统计学、计量经济学等方法，掌握数据分析的基本技能，运用SPSS、R、Python等软件进行数据处理和分析。通过数据分析，学生能够深入挖掘数据的内涵，发现社会问题的本质，为社会政策的制定和实践提供科学依据。

社会调查与数据分析的应用需要注重跨学科的整合。社会科学研究往往涉及多个学科领域，需要综合运用多种方法和理论进行研究。学生可以通过跨学科的学习和实践，整合社会学、心理学、经济学、政治学等多个学科的知识和方法，开展复杂的社会科学研究。通过跨学科的整合，学生能够更加全面地理解社会问题，提高研究的深度和广度。

社会调查与数据分析的应用还需要注重实践创新。社会科学研究需要不断地创新和探索，学生需要勇于尝试新的调查方法和数据分析技术，发现并解决社会科学研究中的新问题。通过实践创新，学生能够提高自己的创新能力和解决问题的能力，为社会科学研究的发展和进步作出贡献。

（二）社会问题研究与政策建议

社会问题研究与政策建议是社会科学领域中研究性学习的重要应用之一。通过社会问题研究与政策建议的实践，学生不仅能够深入了解社会现实中存在的问题和挑战，还能够提出针对性的政策建议，为社会发展和改革提供智力支持和决策参考。

社会问题研究是社会科学领域中研究性学习的重要内容之一。在社会科学领域，常常会涉及各种社会问题，如教育、就业、环境、医疗等方面的问题，这些问题直接关系到人民群众的切身利益和社会的稳定与发展。通过参与社会问题研究的实践活动，学生可以深入了解社会现实中存在的问题，分析问题的成因和影响，并提出解决问题的方法和途径。这种实践不仅能够提高学生的社会调查和研究能力，还能够培养他们的社会责任感和使命感，促使他们积极投身到社会问题的解决中来。

政策建议是社会科学领域中研究性学习的重要内容之一。在社会科学领域中，政策建议是解决社会问题的重要手段之一，是政府制定政策和规划发展的重要依据。通过参与政策建议的实践活动，学生可以根据社会问题的研究成果，提出针对性的政策建议，为政府部门和决策者提供决策参考和政策建议。这种实践不仅能够培养学生的政策分析和决策能力，还能够促使他们将学术研究与社会实践相结合，为社会发展和改革提供智力支持和决策参考。

社会问题研究与政策建议的实践注重培养学生的团队合作能力。在社会科学领域，解决复杂的社会问题往往需要多学科、多专业的团队合作，需要研究者具备良好的团队合作能力和沟通协调能力。这种实践不仅能够提高学生的团队合作能力和沟通协调能力，还能够促进学生之间的交流与合作，建立起良好的团队氛围和合作关系，为他们未来的社会实践和职业发展奠定基础。

第三节 人文科学中的研究性学习

一、人文科学中研究性学习的特点

（一）强调文本分析与批判性思考

强调文本分析与批判性思考在人文科学中的研究性学习具有显著的特点。这种学习方法不仅仅是对文本内容的被动消化，更注重学生通过深入分析和批判性思考来理解、解释和评价文本。这种学习方式促使学生超越简单的知识传递，而是培养了他们的批判性思维和独立思考能力。

强调文本分析意味着学生需要深入研读和理解文本。这不是表面性的阅读，而是要求学生深入挖掘文本背后的意义、主题和观点。通过仔细分析语言、结构和背景，学生可以更全面地理解文本所传达的信息和作者的意图。这种深入的文本分析有助于学生建立对复杂概念和思想的理解，培养了他们的分析能力和批判性思维。

批判性思考在人文科学的研究性学习中占据重要地位。学生被鼓励挑战现有观点和理论，提出自己的见解和观点。通过批判性思考，学生可以对文本中的观点和论证进行评价，并将其与其他文本或观点进行比较和对比。这种批判性思考不仅有助于学生发展自己的思想，还培养了他们的批判性思维和逻辑推理能力。

人文科学中的研究性学习强调跨学科的方法。学生被鼓励从不同学科的角度来分析和理解文本，以获得更全面和深入的认识。这种跨学科的方法有助于学生将不同学科的知识和方法相结合，提高他们的综合分析能力和创造力。

人文科学中的研究性学习强调学生的参与和合作。学生通常会通过小组讨论、研究项目等形式来共同探讨和研究文本。这种合作学习的方式不仅有助于学生相互交流和学习，还培养了他们的团队合作能力和沟通能力。

（二）注重跨学科的综合研究方法

人文科学中的研究性学习强调对文本、文化和历史的深入理解。通过阅读和分析文本，学生可以深入挖掘其中的意义和内涵，从而培养批判性思维和分析能力。而跨学科的综合研究方法可以帮助学生将不同学科的知识和方法相结合，拓宽他们的视野，从多个角度理解和解释文本中的信息。

人文科学的研究性学习注重学生的自主性和创造性。在研究性学习过程中，学生通常需要选择自己感兴趣的主题，并自主设计研究方案和方法。跨学科的综合研究方法为学生提供了丰富的资源和工具，可以支持他们开展自主性研究。例如，学生可以借助历史学、社会学和文学等多个学科的理论和方法来探索一个复杂的文化现象或历史事件。

人文科学的研究性学习强调跨文化和跨时空的比较。通过比较不同文化和时期的文本和现象，学生可以发现共性和差异，从而深化对人类文化的理解。跨学科的综合研究方法为学生提供了跨越学科界限的机会，使他们能够更全面地比较不同文化和历史背景下的现象和事件。

人文科学的研究性学习注重沟通和表达能力的培养。学生通常需要将他们的研究成果通过口头或书面形式呈现给他人，这要求他们具备清晰的逻辑思维和表达能力。跨学科的综合研究方法可以帮助学生整合不同学科的知识，并将其有效地呈现出来。例如，学生可以借助图表、演示文稿和论文等形式，向他人展示他们的研究成果，并与他人进行深入的交流和讨论。

二、人文科学中研究性学习的实践与方法

（一）文献综合与批判性思考

文献综合是研究性学习的基础之一。在进行文献综合时，研究者需要系统地搜集、整理和归纳相关文献，建立起一个完整的文献数据库。这包括但不限于图书、期刊论文、学术报告、互联网资料等。在搜集文献的过程中，研究者要注意选择来源权威可靠的文献，确保所使用的文献具有一定的学术水平和研究价值。

文献综合不仅仅是简单地罗列文献，更重要的是对文献进行分析和整合。研究者应该将不同文献之间的观点、研究方法和结论进行比较和对比，找出它们之间的异同点，并尝试从中发现问题、提出假设或构建理论框架。研究者还应该注意挖掘文献中的隐含信息和未被充分利用的资源，以丰富自己的研究内容和拓宽研究视野。

在批判性思考方面，研究者需要对所阅读的文献进行深入的思考和评价。这包括对文献中的观点、论证和方法进行审视，并就其中的合理性、逻辑性和可靠性进行评估。研究者还应该能够从不同角度去解读文献，提出自己的看法，并能够对文献中的观点进行批判性分析。批判性思考不仅可以帮助研究者深入理解文献，还可以促使其形成独立思考的能力，从而提升自己的研究水平和学术能力。

（二）跨学科研究与实地考察

跨学科研究与实地考察对于人文科学中的研究性学习至关重要。这一方法能够帮助学生深入了解和探索人文领域中的复杂问题，促使他们在理论和实践之间建立联系，并培养批判性思维和创新能力。

跨学科研究为学生提供了一个广阔的视野。通过将不同学科的知识和方法相结合，

学生可以更全面地理解人文科学中的议题。例如，在研究历史时，学生可以借鉴社会学、文学、艺术等其他学科的理论和方法，以便更好地分析历史事件对当今社会的影响。这种跨学科的方法能够帮助学生超越学科界限，拓展思维空间，从而更好地理解和解决复杂的人文问题。

实地考察为学生提供了与真实情境接触的机会。人文科学的研究往往需要深入现实生活中去观察和分析。通过实地考察，学生可以亲身体验和感受研究对象，从而更深入地理解其背后的文化、历史和社会背景。例如，学生可以通过实地考察历史古迹、博物馆、艺术展览等，感受历史的厚重和文化的多样性，从而加深对人文科学的理解和兴趣。

跨学科研究与实地考察能够促进学生的批判性思维和创新能力的培养。在跨学科研究中，学生需要不断地比较、分析和综合不同学科的观点和方法，从而形成自己的见解和观点。而通过实地考察，学生可以从实践中发现问题，并尝试提出新的解决方案。这种批判性思维和创新能力的培养对于人文科学中的研究性学习至关重要，它不仅可以帮助学生更好地理解和掌握知识，还可以提高他们的学术水平和竞争力。

第四节　工程与技术科学的研究性学习

一、工程与技术科学中研究性学习的特点

（一）强调解决问题与实践能力培养

工程与技术科学中的研究性学习注重解决问题和实践能力的培养，这是其与其他学科领域的显著特点之一。工程技术的学习，不仅仅是理论知识的传授，更重要的是学生能够将所学的知识应用于实际工程问题的解决中，培养他们的创新能力和实践操作技能。

在工程与技术科学中，研究性学习强调学生通过实际项目或实验进行解决问题的过程。学生需要从实际工程问题出发，深入分析问题的本质，提出解决方案，并通过实践验证方案的可行性。这种以问题为导向的学习方式，能够激发学生的学习兴趣，培养他们的问题意识和解决问题的能力。

与此同时，工程与技术科学中的研究性学习也注重实践能力的培养。工程技术类专业强调的不仅是理论知识，更是实际操作技能。通过参与实际项目或实验，学生可以掌握各种工程技术的操作方法，提高他们的实践能力和技术水平。在实践过程中，学生不仅需要熟练掌握相关工具和设备，还需要具备灵活运用知识解决实际问题的能力。

研究性学习在工程与技术科学中的实践过程中，学生通常需要团队合作。工程技术项目往往需要多学科的知识和多方面的技能，因此学生需要与其他同学合作，共同完成

项目或实验。通过团队合作，学生可以学会有效沟通、协作配合，培养团队精神和领导能力，这对他们未来的职业发展具有重要意义。

工程与技术科学中的研究性学习也注重实践经验的积累。通过参与实际项目或实验，学生可以积累丰富的实践经验，提高他们的解决问题能力和技术水平。实践经验的积累对于学生未来的职业发展至关重要，能够为他们在工程技术领域的发展打下坚实的基础。

（二）注重工程项目管理与创新设计

工程与技术科学中的研究性学习旨在培养学生的工程项目管理能力和创新设计能力，这是一种注重实践和应用的学习模式。工程项目管理与创新设计的结合为学生提供了独特的学习体验和机会，使他们能够在真实的工程项目中应用所学的知识，并通过创新设计解决实际工程问题。

工程项目管理是工程与技术科学研究性学习的重要组成部分。在工程项目中，学生需要协调资源、制定计划、管理进度和风险，以确保项目顺利完成。这种项目管理的实践性学习有助于学生培养团队合作、沟通协调和解决问题的能力。例如，在一个工程项目中，学生可能需要担任项目经理或团队成员的角色，负责项目的组织和执行，这种实践性学习能够让他们了解项目管理的实际操作和挑战。

创新设计是工程与技术科学研究性学习的另一个重要方面。工程领域不断面临着各种挑战和问题，需要通过创新的设计思路来解决。在研究性学习中，学生有机会运用所学知识和技能提出新颖的设计方案，并将其应用到实际工程项目中。例如，在机械工程领域的研究性学习中，学生可能需要设计一种新型机械结构来提高效率或降低成本，这种创新设计的实践能够培养学生的创造力和解决问题的能力。

工程与技术科学中的研究性学习注重跨学科的综合应用。工程项目往往涉及多个学科领域的知识和技术，需要学生具备跨学科的综合能力。在研究性学习中，学生有机会将所学的理论知识应用于工程实践中，并结合其他学科的知识进行创新设计和解决问题。例如，在建筑工程项目中，学生不仅需要掌握建筑设计和结构分析的知识，还需要了解土木工程、材料科学等相关学科的知识，以便综合考虑各种因素进行设计和施工。

工程与技术科学中的研究性学习强调实践导向和问题驱动。学生在进行研究性学习时往往面临具体的工程问题或挑战，需要通过实践和研究来解决这些问题。这种问题驱动的学习模式能够激发学生的学习兴趣和动力，培养他们解决问题的能力。例如，在电气工程领域的研究性学习中，学生可能需要设计一种新型的电路板来解决某种特定的电路设计问题，这种实践性学习能够让他们将理论知识应用到实际工程中，并通过实验和测试验证设计的有效性。

二、工程与技术科学中研究性学习的实践

（一）工程项目设计与实施

工程项目设计与实施是工程与技术科学中研究性学习的重要实践。这种实践不仅有助于提高学生的工程实践能力和创新能力，还能够培养他们的解决问题能力和团队合作精神。

工程项目设计是研究性学习的关键环节之一。在项目设计阶段，学生需要根据实际问题确定项目的目标和范围，制定详细的设计方案，包括技术路线、资源配置、工期安排等。通过参与项目设计，学生可以学习到工程项目管理的基本理论和方法，培养了他们的系统思维和项目规划能力。

工程项目实施是研究性学习的核心内容之一。在项目实施阶段，学生需要按照设计方案进行实际操作，包括采购材料、施工安装、设备调试等。在这个过程中，学生需要掌握相关的工程技术和操作技能，解决实际工程中遇到的各种问题，提高他们的实际操作能力和工程实践经验。

在工程项目设计与实施过程中需要注重团队合作。工程项目往往需要多个专业人员共同合作才能完成，学生需要与同学们和导师密切合作，共同解决工程项目中遇到的各种技术和管理问题，推动项目的顺利进行。通过团队合作，学生不仅可以相互学习和借鉴经验，还可以培养团队合作精神和沟通协作能力。

在工程项目设计与实施过程中也需要注重实践创新。工程技术的发展需要不断地创新和探索，学生需要勇于尝试新的技术和方法，发现并解决工程实践中的新问题。通过实践创新，学生不仅可以提高自己的创新能力和解决问题的能力，还可以为工程技术的发展和进步作出贡献。

（二）工程创新与技术研究

工程创新与技术研究的实践注重培养学生的解决问题能力。在工程技术领域，常常会遇到各种复杂的问题和挑战，需要工程师具备较强的解决问题能力。通过参与工程创新与技术研究的实践活动，学生可以学会分析和解决实际工程问题的方法和技巧，培养他们的逻辑思维和工程实践能力。这种实践不仅能够提高学生的解决问题能力，还能够激发他们的学习兴趣和创新潜力，为他们未来的工程实践打下坚实的基础。

工程创新与技术研究的实践注重培养学生的创新意识。在工程技术领域，创新是推动科技进步和社会发展的重要动力，需要工程师具备创新意识和创新能力。通过参与工程创新与技术研究的实践活动，学生可以学会运用已学的知识和技术，解决实际工程问题，提出新的理念和方法，从而促进工程技术的创新和进步。这种实践不仅能够培养学生的创新意识和创新能力，还能够激发他们的创造力和创业精神，为他们未来的工程实

践和科技创新打下坚实的基础。

　　工程创新与技术研究的实践注重培养学生的团队合作能力。在工程技术领域，往往需要多学科、多专业的团队合作来解决复杂的工程问题，需要工程师具备良好的团队合作能力和沟通协调能力。通过参与工程创新与技术研究的实践活动，学生可以学会与他人合作、共同探讨、协同解决问题，培养他们的团队合作精神和领导能力。这种实践不仅能够提高学生的团队合作能力和沟通协调能力，还能够促进学生之间的交流与合作，建立良好的团队氛围和合作关系，为他们未来的工程实践和职业发展奠定基础。

第九章　数字化时代下的研究性学习

第一节　移动学习与研究性学习

一、移动学习概述

（一）移动学习的定义与特点

移动学习的定义需要从技术、学习和移动三个角度来考虑。从技术上看，移动学习利用移动设备和无线网络技术实现学习活动的场景，包括但不限于手机应用、在线课程、社交媒体等。从学习角度来看，移动学习是一种支持学生随时随地获取知识、交流信息和参与学习活动的方式，其突破了传统学习场所和时间的限制。从移动角度来看，移动学习强调学习者可以在移动状态下进行学习，不再受固定的学习环境的限制。

移动学习具有以下几个显著特点：便捷性是移动学习的核心特点之一。学习者可以利用碎片化的时间进行学习，不会受到地点和时间的限制，从而更好地融入日常生活。个性化是移动学习的重要特点之一。移动学习平台通常会根据学习者的个性化需求和学习进度，提供个性化的学习内容和建议，满足学习者的不同学习需求。互动性也是移动学习的显著特点之一。通过移动学习平台，学习者可以与老师和同学进行实时互动，分享学习心得、解决问题，促进学习氛围的形成。移动学习还具有多媒体性、即时性和灵活性等特点，其丰富了学习方式和手段，提高了学习效果和效率。

（二）移动学习的应用场景

移动学习，作为一种基于移动终端设备的学习方式，正在逐渐改变着人们获取知识和信息的方式。其应用场景涵盖了教育、企业培训、医疗健康等多个领域，在提高学习效率、方便学习者、个性化学习等方面发挥着重要作用。

1.移动学习在教育领域的应用

移动学习在课堂教学中发挥着重要作用。教师可以利用移动设备和应用程序为课堂提供更加丰富的教学资源，例如教学视频、互动课件、在线测验等。学生可以通过移动设备随时随地获取这些资源，并在课堂上进行学习和参与互动。这种互动式的学习方式不仅可以增强学生的学习兴趣，还可以提高他们的学习效率和记忆力。

移动学习在个性化教育中也具有重要意义。通过移动学习平台和应用程序，教育工作者可以根据每个学生的学习需求和水平，为他们量身定制学习计划和教学内容。学生可以根据自己的学习进度和兴趣选择适合自己的学习资源和活动，从而更加有效地提高自己的学习能力和成绩。

移动学习可以促进学校与家庭之间的沟通和合作。家长可以通过移动设备随时了解孩子在学校的学习情况，与教育工作者进行及时的沟通和交流。同时，学校也可以利用移动学习平台向家长提供学校的教学计划、课程安排和学生表现等信息，使家长更加了解学校的教育教学工作，从而更好地支持和配合学校的工作。

除此之外，移动学习还可以为教育工作者提供专业发展和培训的机会。他们可以通过移动学习平台学习最新的教学理论和方法，了解教育技术的最新发展和应用，提高自己的教学水平和专业能力。同时，他们还可以通过移动学习平台与其他教育工作者进行交流和分享经验，共同探讨教育教学的问题和挑战，促进教育教学工作的改进和发展。

2.移动学习在企业培训中的应用

移动学习在企业培训中的应用特点之一是实时性。企业需要及时向员工传递最新的知识和信息，以应对市场竞争和业务变化。移动学习平台可以随时随地更新学习内容，员工可以通过手机或平板电脑及时获取最新的培训资料和信息，保持对行业动态的了解和跟进。

移动学习在企业培训中的应用特点之二是个性化。不同员工具有不同的学习需求和学习能力，传统的集中式培训往往无法满足所有员工的需求。移动学习平台可以根据员工的个性化需求和学习进度，提供定制化的学习内容和学习路径，帮助员工更有效地掌握所需的知识和技能。

移动学习在企业培训中的应用特点之三是便捷性。传统的培训方式通常需要员工到指定的地点参加培训课程，耗费时间和精力，而移动学习可以让员工在任何时间、任何地点进行学习，不再受到地点和时间的限制，大大提高了学习的便捷性和灵活性。

移动学习在企业培训中的应用特点之四是互动性。移动学习平台通常具有丰富的互动功能，员工可以通过在线讨论、问答平台等与老师和同事进行实时互动，分享学习心得、解决问题，促进学习氛围的形成，增强学习的趣味性和参与度。

二、移动学习与研究性学习的关系

（一）移动学习在促进研究性学习中的作用

移动学习作为一种创新的学习方式，在促进研究性学习中发挥着重要的作用。研究性学习是一种以学生为中心，通过自主探究和发现解决问题的学习方式，注重培养学生的批判性思维、解决问题能力和创新能力。同时，移动学习平台也为学生提供了丰富的学习资源、交流平台和工具，有助于他们更好地进行研究性学习。

1. 移动学习的便利性与灵活性

移动学习的便利性与灵活性使其在促进研究性学习中发挥着重要的作用。研究性学习强调学生通过主动探究和实践来构建知识，培养学生的批判性思维和解决问题能力。而移动学习通过提供随时随地的学习环境和丰富的学习资源，为学生开展研究性学习提供了便利和支持。

移动学习为学生提供了随时随地的学习环境。学生可以利用手机、平板电脑等移动设备，在任何时间、任何地点进行学习。无论是在家里、学校还是在公共场所，学生都可以通过移动设备获取学习资源，进行学习活动。这种随时随地的学习环境不仅可以提高学生的学习效率，还可以让他们更加灵活地安排学习时间，适应个人的学习节奏和习惯。

移动学习为学生提供了丰富多样的学习资源。通过移动设备上的应用程序和网络资源，学生可以轻松获取到各种各样的学习资料，包括教科书、学术论文、教学视频、实验资料等。这些丰富多样的学习资源为学生进行研究性学习提供了丰富的素材和参考，可以帮助他们更加深入地了解所学知识，开展独立的研究和探究活动。

移动学习为学生提供了多样化的学习方式。除了传统的文字阅读和听讲课程外，移动学习还可以通过图像、视频、音频等多种形式呈现学习内容，更加符合学生的学习习惯和兴趣。学生可以根据自己的喜好和学习需求选择适合自己的学习方式，从而更加有效地进行研究性学习，提高自己的学习动力和兴趣。

除此之外，移动学习可以促进学生之间的合作与交流。通过移动学习平台和社交媒体，学生可以与同学、老师以及其他学习者进行在线交流和合作，分享学习资源和经验，共同探讨问题和解决方案。这种合作与交流不仅可以拓宽学生的视野，还可以促进他们之间的思想碰撞和知识共享，提高学习效果和成绩。

2. 移动学习的资源丰富性

移动学习的资源丰富性为学习者提供了广泛的学习资源。移动学习平台上可以获取到各种形式的学习资源，包括但不限于教学视频、电子图书、在线课程、学术论文等。这些资源涵盖了各个学科领域和不同层次的知识内容，学习者可以根据自己的学习需求和兴趣选择合适的资源进行学习，从而丰富了学习的内容和方式。

移动学习在促进研究性学习中发挥着重要作用。研究性学习是指学习者通过自主探究和发现，建构自己的知识体系和认知结构的学习方式。移动学习平台提供了丰富的学习资源和工具，为学习者进行研究性学习提供了便利条件。学习者可以利用移动设备随时随地获取学习资源，通过搜索引擎、在线图书馆等工具查找和收集相关资料，利用社交媒体和在线论坛与他人交流和分享学习心得，从而拓展了学习的广度和深度。

移动学习通过个性化的学习体验促进了研究性学习的发展。移动学习平台通常会根据学习者的个性化需求和学习进度，提供定制化的学习内容和学习路径，为学习者提供了个性化的学习体验。学习者可以根据自己的学习目标和兴趣选择合适的学习资源和学习方式，自主掌握学习进度和节奏，从而更好地发挥自己的学习潜能和创造力。

移动学习通过互动性和合作性促进了研究性学习的实践。移动学习平台通常具有丰富的互动功能，学习者可以通过在线讨论、问答平台等与老师和同学进行实时互动，分享学习心得、解决问题，促进学习氛围的形成。学习者还可以通过移动学习平台与全球范围内的其他学习者进行合作和交流，共同探讨问题、开展项目，拓展了学习的社交维度和实践场景，增强了学习的趣味性和参与度。

（二）研究性学习对移动学习的影响与挑战

研究性学习是一种强调学生自主探究和发现的学习方式，对移动学习产生了深远的影响，同时也带来了一些挑战。理解这种影响和挑战有助于我们更好地利用移动学习的优势解决其中的问题，促进学生的全面发展。

1.研究性学习对学习方式的要求

研究性学习是一种强调学生主动探究和实践的学习方式，它要求学生具备一定的学习能力和方法。首先，研究性学习要求学生具备自主学习的能力。学生需要能够独立思考、自主学习，不依赖于老师的指导和帮助，能够根据学习目标和需求，自主选择学习资源和制定学习计划。其次，研究性学习要求学生具备批判性思维的能力。学生需要能够对所学的知识进行分析和评价，能够独立思考和解决问题，具备批判性思维和创新能力。再次，研究性学习要求学生具备合作与交流的能力。学生需要能够与同学、老师以及其他学习者进行合作和交流，分享学习资源和经验，共同探讨问题和解决方案。最后，研究性学习还要求学生具备信息素养和技术能力。学生需要能够熟练运用信息技术和网络资源，能够有效地获取、评估和利用学习资料，提高自己的信息素养和技术能力。

研究性学习对移动学习产生了深远的影响，同时也带来了一些挑战。移动学习为学生提供了更加便捷和灵活的学习方式，有利于培养学生的自主学习能力。学生可以利用移动设备随时随地进行学习，选择适合自己的学习资源和学习方式，自主制定学习计划，提高学习的效率和质量。移动学习为学生提供了丰富多样的学习资源，有利于培养学生的批判性思维能力。学生可以通过移动设备获取到各种各样的学习资料，包括教科书、学术论文、教学视频等，可以随时随地进行学习和研究，加深对知识的理解。移动学习为学生提供了多样化的学习方式，有利于培养学生的合作与交流能力。学生可以通过移动学习平台与同学、老师以及其他学习者进行在线交流和合作，分享学习资源和经验，共同探讨问题和解决方案。移动学习为学生提供了信息素养和技术能力的培养平台。学生可以通过移动学习平台熟练运用信息技术和网络资源，获取、评估和利用学习资料，提高自己的信息素养和技术能力，适应信息化社会的发展需求。

然而，研究性学习对移动学习也带来了一些挑战。移动学习的碎片化特点可能会影响学生的学习效果。学生在移动设备上进行学习时，往往会受到来自各种各样的干扰，例如社交媒体、游戏应用等，容易分散注意力，影响学习的集中和深入。移动学习的学习资源质量参差不齐，可能会影响学生的学习效果。在移动学习平台上，学生可以获取到各种各样的学习资料，但其中有些可能质量不高，存在错误或偏见，容易误导学生，影响他们的学习成果。移动学习的互动性和个性化特点可能会增加教师的工作负担。教师需要不断更新和维护移动学习平台上的教学资源，为学生提供个性化的学习指导和支持，与学生进行及时的互动和反馈，这对教师的教学能力和专业素养提出了更高的要求。移动学习的安全性和隐私保护也是一个值得关注的问题。学生在移动设备上进行学习时，可能会涉及个人隐私和信息安全的问题，需要加强对移动学习平台和应用程序的安全管理和监控，保护学生的合法权益和个人隐私。

2. 研究性学习对学习资源的需求

研究性学习对学习资源的需求具有明确的特点。研究性学习注重学生的主动参与和自主探究，学生需要丰富多样的学习资源来支持他们的学习活动。这些学习资源可以包括但不限于教科书、学术论文、实验数据、案例分析、网络资源等。学生需要通过阅读、观察、实践等方式获取这些资源，并将其应用到自己的学习和研究中，从而促进知识的积累和理解。

研究性学习对移动学习产生了深远的影响。移动学习借助移动设备和无线网络技术，为学生提供了便捷、灵活的学习环境，满足了他们随时随地获取学习资源的需求。学生可以利用手机、平板电脑等移动设备访问在线图书馆、教育平台、学术网站等，获取所需要的学习资源。移动学习平台通常具有搜索、收藏、分享等功能，可以帮助学生快速定位和管理学习资源，提高了学习效率和便利性。

然而，研究性学习对移动学习也带来了一些挑战。移动学习平台上的学习资源质量参差不齐，学生往往难以判断资源的可信度和权威性。在进行研究性学习时，学生需要依靠扎实的学科知识和严谨的思维能力来筛选和评估学习资源，以确保所获取的信息和数据的准确性和可靠性。

移动学习平台的互动性和个性化功能对研究性学习提出了新的要求。研究性学习强调学生的自主探究和解决问题能力，需要学生在学习过程中积极参与、与他人交流和合作。移动学习平台需要提供丰富多样的互动功能，包括在线讨论、团队项目、虚拟实验等，以促进学生之间的合作和交流，激发学生的学习兴趣和创造力。

移动学习还面临着学生学习动机和学习管理等方面的挑战。研究性学习需要学生具备较强的学习动机和自我管理能力，能够自觉地制定学习目标、规划学习进程，并按计划执行和评估学习效果。移动学习平台需要通过个性化的学习体验和激励机制，激发学生的学习兴趣和积极性，引导他们建立良好的学习习惯和自我管理能力。

第二节 在线合作与虚拟研究群体

一、研究性学习中在线合作的概念与特点

（一）在线合作的定义

在线合作是指通过互联网和数字技术，在在线环境中进行合作学习的过程。研究性学习是一种探究式学习方法，注重学生自主思考和合作探究，而在线合作是在这一学习模式下的一种实践形式。在线合作在研究性学习中具有重要的概念和特点。

1. 合作概念梳理

在线合作在研究性学习中扮演着重要的角色，它涵盖了多种概念和特点。在线合作是一种集体行动，旨在共同完成任务或达到共同的目标。它强调团队合作和协作，通过网络平台进行沟通和协调。在线合作的概念还包括了跨地域、跨文化的合作，使得学习者能够跨越时空限制，共同参与项目或任务。

在线合作的特点之一是信息共享和交流。通过在线平台，学习者可以分享各种资源，包括文献、资料、观点等，从而丰富彼此的知识和理解。信息共享的便利性使得合作伙伴能够更有效地协作，共同解决问题和完成任务。在线合作还强调开放性和透明度，使得每个成员都能够了解其他成员的工作进展和贡献，从而更好地协调工作和分配任务。

在线合作的重要的特点是多样性和包容性。在线合作通常涉及来自不同背景和不同专业领域的人员，他们可能具有不同的技能、经验和知识。这种多样性为团队带来了丰富的思维和创意，促进了创新和解决问题的能力。同时，合作团队也需要具备包容性，尊重每个成员的观点和贡献，确保每个人都能够充分发挥自己的潜力和能力。

在线合作强调灵活性和适应性。随着项目或任务的发展，团队可能需要不断地调整和变化，根据情况做出相应的调整。在线平台提供了灵活的沟通和协作工具，使得团队能够及时响应变化，保持高效的工作状态。同时，学习者也需要具备适应不同工作环境和团队成员的能力，以便更好地适应在线合作的需求。

在线合作强调反思和学习的过程。通过与他人的交流和合作，学习者不仅能够完成任务，还能够从他人的经验和观点中学习，提高自己的能力和水平。在线平台提供了丰富的学习资源和工具，帮助学习者记录和总结自己的学习过程，反思自己的成长和进步。这种反思性学习有助于学习者更深入地理解和应用所学知识，提高学习的效果和质量。

2. 在线合作的内涵解析

在线合作具有跨越时空的特点。通过网络技术，学习者可以在任何时间、地点进行

合作学习，克服了地域和时间的限制。这种灵活性为学习者提供了更多的自主学习机会，使得他们可以根据自己的时间安排和学习节奏参与合作活动。

在线合作具有多样化的参与形式。学习者可以通过文字、图片、音频、视频等多种形式进行交流和合作，丰富了合作的方式和内容。例如，学习者可以通过在线讨论、博客、社交媒体等平台进行交流，共同探讨问题、分享心得和解决困难。

在线合作还具有开放性和包容性。网络平台为学习者提供了一个开放、包容的学习环境，任何人都可以自由地参与和贡献。这种开放性促进了知识的共享和交流，激发了学习者的创造力和想象力。

在线合作具有互动性和实时性。学习者可以通过即时通信工具、视频会议等方式进行实时交流和讨论，加强了学习者之间的互动和沟通。这种实时性使得合作活动更加紧密和高效，有助于学习者及时解决问题和获取反馈。

在线合作具有个性化和定制化的特点。学习者可以根据自己的学习需求和兴趣选择合适的合作伙伴和资源，实现个性化学习。这种定制化的特点有助于激发学习者的学习兴趣和动力，提高学习效果。

（二）在线合作的特点

在线合作在研究性学习中具有独特的概念和特点，这些特点反映了其在学习过程中的重要作用和价值。在线合作强调学生之间的互动和合作。通过在线平台，学生可以轻松地与同学展开交流、讨论和合作。这种交流和合作不受时间和空间的限制，可以跨越地域和时区，促进学生之间的有效沟通和合作。

1. 时间与空间的解构

时间与空间的解构在研究性学习中在线合作中扮演着关键的角色。在线合作打破了传统学习中时间和空间的限制，为学习者提供了更加灵活和开放的学习环境。时间的解构意味着学习者不再受到固定的学习时间限制，可以根据自己的时间安排和学习节奏进行学习和合作。这种灵活性使得学习者能够更好地适应自己的学习习惯和生活节奏，提高学习的效率和质量。空间的解构也为在线合作提供了更广阔的合作空间。传统的面对面合作受到地理位置的限制，而在线合作通过网络平台打破了地域限制，使得学习者能够跨越时空，与来自世界各地的合作伙伴进行合作。这种跨地域的合作不仅丰富了学习者的视野和经验，还促进了跨文化交流和理解，提高了学习者的国际视野和竞争力。

在线合作的时间与空间的解构促进了学习者之间的更加紧密的互动和交流。通过在线平台，学习者可以随时随地与合作伙伴进行沟通和协作，分享想法和资源，解决问题和讨论问题。这种实时的交流使得合作更加高效和便利，促进了团队合作和协作能力的发展。

在线合作的重要特点是其强调了学习者的自主性和主动性。在传统的学习环境中，学习者通常是被动接受知识和信息，而在线合作鼓励学习者积极参与和主动探索，通过自己的努力和探索来完成任务和解决问题。这种自主性和主动性培养了学习者的自我管理和学习能力，提高了他们的学习动机和兴趣。

在线合作的时间与空间的解构也需要学习者具备良好的时间管理和组织能力。虽然在线合作提供了更灵活的学习环境，但学习者仍然需要合理安排时间，确保能够充分利用在线合作的优势，提高学习效率和质量。同时，学习者还需要具备良好的团队合作和沟通能力，以便更好地与伙伴合作，共同完成任务和达到共同的目标。

2. 跨界合作的便利性

跨界合作为学习者提供了更广阔的学习空间。通过网络平台，学习者可以跨越不同的学科领域进行合作学习，吸收和整合不同学科的知识和方法。这种跨界合作有助于拓展学习者的知识面和思维视角，培养他们的综合能力和创新思维。

跨界合作促进了多元文化的交流和融合。在全球化的背景下，学习者可以通过在线合作与来自不同文化背景的人进行交流和合作，了解和尊重不同文化的差异，促进了跨文化的交流和融合。这种跨界合作有助于培养学习者的国际视野和跨文化交流能力，提高他们的全球竞争力。

跨界合作拓展了学习者的学习资源和机会。通过网络平台，学习者可以与来自不同地区和背景的人进行合作学习，共享资源和经验，获取更丰富的学习资源和机会。这种跨界合作有助于提高学习者的学习效率和成果，促进知识的共享和创新。

跨界合作促进了跨学科的整合和创新。在研究性学习中，学习者往往需要综合运用不同学科的知识和方法进行解决问题和创新实践。通过跨界合作，学习者可以与不同学科背景的人进行合作，整合和应用各学科的知识和方法，促进了跨学科的交叉和创新。

跨界合作提升了学习者的团队合作能力和社交技能。在在线合作中，学习者需要与他人合作完成任务和项目，这促进了学习者的团队合作能力、沟通技巧和决策能力。这种跨界合作有助于培养学习者的社会交往能力和团队精神，提高他们的综合素质和竞争力。

二、研究性学习中虚拟研究群体的形成与发展

（一）虚拟研究群体的构成

虚拟研究群体是指在网络空间中由学生、教师或研究者组成的群体，他们利用在线平台进行研究性学习和合作研究的活动。这些群体的形成和发展在研究性学习中具有重要意义，反映了现代教育中对于协作、跨学科和跨文化交流的重视。

1. 参与者类型分析

在研究性学习中，虚拟研究群体的形成与发展涉及多种类型的参与者，他们各自在群体中扮演不同的角色，共同推动着研究的进展。研究者是虚拟研究群体中最核心的参与者之一。他们通常是具有专业知识和研究经验的专家或学者，负责制定研究方向、设

计研究方案和分析研究结果。研究者的专业能力和研究水平直接影响着研究群体的学术水平和研究成果的质量。

学习者也是虚拟研究群体中不可或缺的一部分。他们可能是学生、实习生或其他研究人员，具有不同的学习目标和背景知识。学习者通过参与虚拟研究群体，获得了与研究者和其他学习者的交流和合作的机会，拓宽了自己的学术视野和研究能力，提高了自己的学术水平和竞争力。

除此之外，导师和指导者也是虚拟研究群体中的重要参与者之一。他们通常是具有丰富教学经验和指导经验的专家或学者，负责指导学习者的研究工作，提供学术支持和指导。导师的指导能力和学术水平直接影响着学习者的研究成果和学术发展，是虚拟研究群体中不可或缺的重要力量。

技术支持人员也是虚拟研究群体中的重要参与者之一。他们通常是具有专业技术知识和经验的专家或工程师，负责维护和管理虚拟研究平台，确保平台的稳定运行和安全性。技术支持人员的工作保障了虚拟研究群体的正常运转，为参与者提供了良好的学习和研究环境。

合作伙伴和外部专家也是虚拟研究群体中的重要参与者之一。他们可能是来自不同机构或领域的专家或学者，具有丰富的研究经验和专业知识。合作伙伴和外部专家通过与虚拟研究群体的合作和交流，为研究提供了新的视角和思路，丰富了研究的内容和方法，推动了研究的深入和发展。

2.组织形式概述

虚拟研究群体的形成是基于共同的学习兴趣和目标。学习者通过网络平台或社交媒体等渠道，组建研究群体，以探讨特定的学科领域、研究课题或问题。这种形式的组织可以吸引具有相似兴趣和目标的学习者加入，形成一个具有共同理念和价值观的学习社区。

虚拟研究群体的发展是建立在开放、共享的基础上。在这样的学习环境中，学习者可以自由地分享自己的观点、经验和资源，与他人进行交流和合作。这种开放的交流氛围促进了知识的共享和交流，激发了学习者的创造力和想象力。

虚拟研究群体的发展是基于互动和合作的。在虚拟研究群体中，学习者之间可以通过在线讨论、协作项目等方式进行交流和合作，共同解决问题、探讨思路。这种互动和合作促进了学习者之间的互相学习和成长，提高了学习效果和体验。

虚拟研究群体的发展也受到技术支持的影响。随着网络技术的发展和普及，学习者可以利用各种在线工具和平台建立和管理虚拟研究群体，如在线论坛、协作文档、视频会议等。这些技术工具为虚拟研究群体的形成和发展提供了便利，促进了学习者之间的交流和合作。

虚拟研究群体的发展也需要良好的组织和管理。组织者可以制定明确的规则和目标，引导学习者积极参与群体活动，确保群体的有效运作和发展。同时，组织者还可以提供相应的支持和资源，帮助学习者克服困难，达到学习目标。

（二）虚拟研究群体的发展历程

虚拟研究群体的发展历程是一个融合了教育技术、学术研究和在线合作的演进过程。从早期的电子邮件列表到现代的在线社交平台，虚拟研究群体的形成与发展经历了多个阶段，反映了科技进步和教育模式的变革。

1. 历史渊源回顾

虚拟研究群体的形成与发展有着悠久的历史渊源，其根源可以追溯到互联网技术的发展和网络学习的兴起。20世纪末，随着互联网技术的普及和发展，人们开始意识到利用网络技术进行学习和研究的潜力。这一时期，出现了一系列网络学习平台和在线学习资源，为学习者提供了全新的学习方式和机会。

随着时间的推移，虚拟研究群体的形成与发展逐渐引起了学术界和教育界的关注和重视。学者们开始探讨和研究如何利用虚拟研究群体促进学术研究和知识创新。一些研究表明，虚拟研究群体具有丰富的学术资源和跨学科交流的优势，可以促进学术合作和研究成果的共享与传播。

在此背景下，越来越多的学术机构和研究团队开始利用虚拟研究群体进行学术研究和合作。他们通过建立专门的网络平台和社交平台，邀请研究者和学习者共同参与研究项目和讨论。这种虚拟研究群体的形成与发展不仅为学术研究提供了新的思路和方法，也为学习者提供了更广阔的学习空间和机会。

在过去的几十年里，随着信息技术的不断发展和完善，虚拟研究群体的形成与发展取得了长足的进步。网络平台和社交平台的功能不断增强，为虚拟研究群体的合作和交流提供了更多的便利和支持。学术研究和学习活动在虚拟研究群体中得以广泛开展，涉及多个学科领域和研究方向。

同时，虚拟研究群体的形成与发展也面临着一些挑战和问题。由于虚拟研究群体的参与者分布在不同的地理位置和时区，沟通和协作可能受到时间和空间的限制。虚拟研究群体的管理和组织需要专门的人员和技术支持，以确保研究项目和学习活动的顺利进行。虚拟研究群体的参与者需要具备一定的网络素养和合作能力，才能更好地适应虚拟环境下的学习和研究。

2. 发展趋势展望

随着技术的不断创新和普及，虚拟研究群体将更加依赖于先进的数字化工具和平台。未来，虚拟研究群体可能会借助人工智能、虚拟现实、增强现实等技术，构建更加智能化、沉浸式的学习环境，为学习者提供更加丰富、个性化的学习体验。

虚拟研究群体将更加注重跨学科的整合和创新。未来的学习者更需要具备跨学科的综合能力和创新思维，因此虚拟研究群体可能会涌现出更多跨学科的合作项目和研究课题，促进不同学科领域之间的交流和融合，培养学习者的综合素质和创新能力。

虚拟研究群体将更加注重社交和情感因素的融合。未来的虚拟研究群体可能会采用更加人性化的设计和管理，注重学习者之间的情感交流和互动，激发学习者的学习热情和归属感，提高学习的持续性和效果。

虚拟研究群体将更加注重全球化和多元化的发展。随着全球化进程的加速，学习者可以跨越地域和文化的界限，与来自不同国家和地区的学习者进行合作和交流。未来的虚拟研究群体可能会形成更加多元化、包容性的学习社区，促进全球范围内的知识共享和交流。

虚拟研究群体将更加注重个性化和自主化的学习。未来的学习者具有不同的学习需求和学习方式，因此虚拟研究群体可能会提供更加个性化、灵活的学习路径和资源，满足学习者的不同需求，促进他们的自主学习和成长。

第三节　大数据与研究性学习

一、大数据的概念与应用

（一）大数据的定义与特点

大数据是指由传统数据处理工具难以捕捉、管理和处理的数据集合。其定义涵盖了数据的三个维度：数据量大、数据类型多样、数据生成速度快。大数据的特点主要包括数据量巨大、数据多样化、数据价值潜力大、数据处理复杂、数据获取速度快、数据质量参差不齐等。

1. 大数据概念梳理

大数据的定义是多方面的：从技术角度来看，大数据可以被定义为传统数据处理工具无法处理的规模庞大的数据集合。这些数据集合可能包括结构化数据、半结构化数据和非结构化数据，如文本、图像、音频等。与传统的数据处理方法相比，大数据具有更高的速度、更大的容量和更多样的数据类型。

大数据的特征包括四个方面：Volume（容量）、Velocity（速度）、Variety（多样性）、Veracity（真实性）。这些特征使得大数据具有了更广泛的应用场景和更高的挖掘价值。通过分析大数据，可以发现隐藏在数据背后的规律、趋势和关联，为决策提供科学依据和支持。

大数据的应用领域十分广泛，涵盖了所有的行业和领域。在商业领域，大数据被用于市场营销、客户关系管理、产品推荐、风险管理等方面，帮助企业更好地了解市场需求和客户行为。在医疗领域，大数据被应用于疾病预测、药物研发、临床决策等方面，为医疗健康提供了更精准的服务。在城市管理领域，大数据被用于交通管理、环境监测、智慧城市建设等方面，提升了城市运行效率和生活质量。

然而，大数据也面临着一些挑战和问题。首先是数据安全和隐私保护的问题。随着数据量的增加，数据泄露和数据滥用的风险也在增加，需要加强数据安全管理和隐私保护机制。其次是数据质量和数据价值的问题。大数据中往往夹杂着大量的噪声和无效信息，如何提高数据质量，挖掘数据的真正价值成了当前亟待解决的问题。

2. 大数据的四个特征

大数据时代的到来为我们提供了前所未有的机遇和挑战。在这个信息爆炸的时代，大数据不仅是一种技术，更是一种能够改变我们认识世界方式的力量。而要深入理解大数据，我们需要关注其四个核心特征。

容量大是大数据的首要特征之一。大数据的容量巨大，远远超出了传统数据库能够处理的范围。随着互联网的普及和物联网技术的发展，海量的数据源源不断地涌现出来，如用户的浏览记录、社交媒体的互动数据、传感器的监测数据等。这些数据以惊人的速度增长，挑战着我们的存储和处理能力。如果要处理大数据，就需要强大的存储和计算基础设施来支撑。

速度快是大数据的另一个显著特征。在数字化时代，信息的产生使流动速度加快了数十倍甚至数百倍。从社交媒体上的即时消息到金融市场的交易数据，每秒钟都会产生大量的数据。这就要求我们能够及时地捕获、存储和分析这些数据，并迅速做出反应。对实时数据的处理能力成了衡量一个大数据系统的重要指标，而实时分析更是成了许多行业提升竞争力的关键。

种类多是大数据的又一重要特征。传统的数据主要是结构化的数据，如表格和数据库中的数据。然而，随着社交媒体、传感器技术和互联网的发展，大数据不再局限于结构化数据，还包括文本、图像、音频、视频等多种形式的非结构化数据。这些数据来源于不同的渠道，具有不同的格式和特点，如何有效地整合和分析这些多样化的数据成了大数据处理的一项重要挑战。

信息真是大数据的关键特征之一。由于数据的来源和多样性，大数据往往具有高度的不确定性和不可靠性。例如，社交媒体上的虚假信息、传感器的误差以及数据传输过程中的丢失等都可能导致数据的不真实性。如何确保大数据的质量和可信度成了大数据处理过程中的重要问题。在大数据分析中，必须采取有效的数据质量控制和验证措施，以确保分析结果的准确性和可靠性。

（二）大数据的应用领域

商业领域是大数据应用的主要领域之一。大数据技术使企业能够从海量数据中挖掘出有价值的信息，帮助企业做出更准确、更迅速的决策。例如，零售业可以利用大数据分析客户的购买行为和偏好，从而调整产品策略和销售策略，提高销售额和客户满意度。

金融领域也是大数据技术得到广泛应用的领域之一。金融机构可以利用大数据分析市场趋势和风险，优化投资组合和风险管理，提高投资收益率和资产安全性。大数据技术还可以应用于信用评估、反欺诈检测等方面，帮助金融机构降低风险和成本。

医疗健康领域也是大数据应用的重要领域之一。大数据技术可以帮助医疗机构管理和分析医疗数据，提高医疗资源的利用效率和医疗服务的质量。例如，利用大数据分析可以实现个性化医疗，预测疾病风险，优化诊断和治疗方案，提高治疗效果和患者生存率。

政府部门也是大数据技术的重要应用领域之一。政府可以利用大数据分析人口统计数据、社会经济数据等，了解社会和经济发展趋势，制定相关政策和规划，提高政府决策的科学性和有效性。同时，大数据技术还可以应用于城市管理、环境监测、公共安全等方面，提升城市治理和公共服务水平。

教育领域也是大数据技术的重要应用领域之一。教育机构可以利用大数据分析学生的学习行为和表现，了解学生的学习需求和困难，提供个性化的学习支持和教育服务，提高教育教学质量和效果。同时，大数据技术还可以应用于教育资源的管理和配置，优化教学资源的利用效率和公平性。

科学研究领域也是大数据技术的重要应用领域之一。科学家可以利用大数据分析天文观测数据、基因组数据和地球观测数据等，探索自然规律和科学问题，推动科学研究的进步和创新。例如，天文学家可以利用大数据分析宇宙射线数据，研究宇宙的演化和结构，揭示宇宙的奥秘。

媒体和娱乐领域也是大数据技术的重要应用领域之一。媒体和娱乐公司可以利用大数据分析用户的阅读和观看行为，了解用户的兴趣和偏好，推荐个性化的内容和产品，提高用户体验和满意度。同时，大数据技术还可以应用于内容生产和营销策略的优化，提升媒体和娱乐产品的市场竞争力。

二、研究性学习在大数据时代的意义与方法

（一）大数据时代下的研究性学习意义

研究性学习有助于培养学生的创新能力。在大数据时代，创新成为推动社会和经济发展的重要驱动力。通过研究性学习，学生可以主动探索和发现知识的新领域，挖掘其中的问题和挑战，并提出创新的解决方案。这种自主探索和解决问题的过程，可以培养学生的创新意识、创新思维和创新能力，为他们的发展打下坚实的基础。

1. 数据驱动的学习方式

在大数据时代,数据驱动的学习方式成了一种新的教育范式,它基于大数据技术,通过收集、分析和应用大量的数据来指导教学和学习过程。这种学习方式强调以数据为基础进行决策和行动,能够深刻影响学生的学习过程和学习成果。在这样的背景下,研究性学习的意义得到了进一步凸显。

数据驱动的学习方式能够提供个性化的学习支持。通过收集和分析学生的学习数据,如学习行为、学习偏好、知识掌握程度等,教师可以为每个学生量身定制个性化的学习计划和教学资源,满足其不同的学习需求和能力水平。这种个性化的学习支持能够更好地激发学生的学习兴趣和学习动力,提高他们的学习效果和学习满意度。

数据驱动的学习方式能够提供实时的反馈和评估。通过实时监测和分析学生的学习数据,教师可以及时发现学生的学习问题和困难,提供针对性的指导和支持,帮助他们及时调整学习策略和方法。同时,学生也可以通过实时反馈了解自己的学习情况和进展,及时调整学习计划和行动,提高学习效率和学习成果。

数据驱动的学习方式能够促进学生自主学习和合作学习。通过分析学生的学习数据,教师可以发现学生的学习兴趣和学习风格,为他们提供个性化的学习资源和学习任务,激发他们的自主学习意识和能力。同时,学生也可以通过合作学习和协作学习,共同分析和解决学习问题,提高他们的团队合作能力和沟通能力,培养他们的创新精神和团队合作精神。

数据驱动的学习方式还能够促进教育教学的创新和改进。通过分析学生的学习数据,教师可以发现教学过程中存在的问题和不足,及时调整教学策略和方法,优化教学资源和教学环境,提高教学效果和教学质量。同时,教育管理者也可以通过分析学生的学习数据,了解教育教学的整体情况和发展趋势,为教育政策和决策提供科学依据和参考。

2. 提升解决问题能力

在大数据时代,解决问题能力的提升对于个人的发展和社会的进步至关重要。研究性学习在这一背景下具有重要的意义,可以帮助个人更好地适应和应对变化的环境,培养解决复杂问题的能力,并推动知识和科技的进步。

大数据时代的到来带来了信息量的爆炸性增长,导致个人面临着更加复杂和多样化的问题。传统的知识和技能可能无法满足当下的需求,需要不断地学习和更新知识。而研究性学习可以帮助个人深入了解问题的本质和背后的规律,培养批判性思维和创新能力,从而更好地解决复杂问题。

大数据时代的到来也为研究性学习提供了更加丰富多样的数据资源。传统的学习往往局限于教科书和学术论文,而大数据技术可以帮助个人获取和分析海量的数据,发现数据之间的关联和趋势,从而深入探索问题的本质。通过实践性的研究项目,个人可以加深对知识的理解和运用,提高解决问题能力和创新能力。

大数据时代的到来也为个人提供了更广泛的学习平台和资源。传统的学习往往依赖于学校和教育机构，而现在个人可以通过互联网和在线学习平台获取各种类型的学习资源，如网络课程、开放式在线课程（MOOCs）、公开数据集等。通过自主学习和实践，个人可以根据自己的兴趣和需求进行学习，提升解决问题的能力和技能。

大数据时代的到来也为研究性学习提供了更多的机会和挑战。传统的学习往往依赖于教师和导师的指导，而现在个人可以通过参与科研项目、开展实践活动等方式进行研究性学习，提升解决问题的能力和创新能力。通过与他人合作和交流，个人可以学习到更多的知识和技能，拓宽自己的视野和思维方式，提高解决问题的能力。

（二）大数据时代下的研究性学习方法

在大数据时代，研究性学习方法变得尤为重要。这个时代充斥着海量的数据和信息，传统的学习方式已经不再适用于满足当今社会对知识和技能的需求。研究性学习方法应运而生，成了培养学生自主探究能力和创新思维的重要途径。

1. 数据分析与挖掘技能培养

研究性学习可以通过项目驱动的方式培养学生的数据分析与挖掘技能。教师可以设计一系列的数据分析与挖掘项目，要求学生从数据采集、数据清洗、数据分析到结果呈现等全过程参与其中。通过项目实践，学生可以掌握数据分析与挖掘的基本方法和技能，了解数据分析与挖掘的应用场景和意义，提高他们的数据处理能力和解决问题的能力。

研究性学习可以通过案例分析的方式培养学生的数据分析与挖掘技能。教师可以选取一些真实的数据分析与挖掘案例，要求学生分析案例中的数据、问题和解决方案，并提出自己的见解和建议。通过案例分析，学生可以了解数据分析与挖掘的实际应用和方法，培养他们的解决问题能力和创新能力，提高他们的实践能力和应用能力。

研究性学习可以通过实验研究的方式培养学生的数据分析与挖掘技能。教师可以设计一些实验研究项目，要求学生根据自己的兴趣和专业背景选择合适的研究主题，进行数据采集、数据分析和结果呈现等工作。通过实验研究，学生可以深入探究和理解数据分析与挖掘的原理和方法，提高他们的研究能力和创新能力，为他们未来的学术研究和职业发展打下坚实的基础。

研究性学习还可以通过团队合作的方式培养学生的数据分析与挖掘技能。教师可以将学生分成小组，要求他们共同完成一个数据分析与挖掘项目，共同分析和解决问题，并呈现项目成果。通过团队合作，学生可以相互交流和合作，共同探讨和解决问题，培养他们的团队合作和沟通能力，提高他们的综合能力和竞争力。

2. 实践项目与案例研究

在大数据时代，实践项目与案例研究成为研究性学习的重要方法，可以帮助个人深入了解问题的本质和背后的规律，培养解决复杂问题的能力，并推动知识和科技的进步。

在这种学习方法中,个人通过参与实际项目或研究案例,进行实践性的探索和分析,从而提升自己的学习效果和能力。

实践项目是研究性学习的重要形式之一。在实践项目中,个人可以通过参与真实的项目或任务,学习并应用相关知识和技能。这些项目可以来自学校、企业或社会组织,涉及各个领域和行业。通过实践项目,个人可以将理论知识与实际问题相结合,培养解决问题的能力和创新能力,提高自己的综合素质和竞争力。

案例研究也是研究性学习的重要手段之一。案例研究是通过分析真实或虚构的案例,深入探讨问题的原因、解决方法和结果。这些案例可以来自历史事件、商业案例、社会问题等各个领域和行业。通过分析案例,个人可以了解问题的复杂性和多样性,培养批判性思维和创新能力,提高解决问题的能力和水平。

实践项目与案例研究的结合也是研究性学习的有效方式之一。通过参与实践项目,并结合案例研究的方法,个人可以在实践中深入分析和思考问题,探索解决问题的有效途径和方法。

实践项目与案例研究也为个人提供了更多的机会和挑战。在实践项目中,个人需要面对各种各样的挑战和困难,如资源不足、时间紧迫、团队合作等,而通过案例研究,个人需要分析和解决各种复杂的问题和情景,培养解决问题的能力和创新能力。通过不断的挑战和实践,个人可以提升自己的学习能力和水平,为个人的发展和社会的进步作出贡献。

第四节 虚拟实境与研究性学习

一、虚拟实境的概念与技术

(一)虚拟实境的定义与分类

虚拟实境(Virtual Reality,简称 VR)是一种利用计算机技术模拟现实环境的人机交互系统,通过感知器官的刺激,使用户沉浸在虚拟的三维空间中,体验身临其境的感觉。虚拟实境技术通过模拟视觉、听觉、触觉等,将用户带入虚拟的场景中,使其感受到身处其中的真实感。根据不同的实现方式和应用场景,虚拟实境可以分为多种不同类型。

基于仿真度和沉浸感的不同,虚拟实境可以分为低沉浸度 VR 和高沉浸度 VR 两种类型。低沉浸度 VR 主要通过显示器等设备展示虚拟场景,用户通常通过键盘、鼠标等传统输入设备进行交互,沉浸感相对较低,而高沉浸度 VR 利用头戴式显示器等设备,将用户完全包裹在虚拟环境中，通过头部追踪等技术实现用户的身临其境体验，沉浸感更强。

根据虚拟实境的应用场景和目的，可以将其分为娱乐性 VR、教育性 VR、医疗保健 VR、工业制造 VR 等多种类型。娱乐性 VR 主要用于游戏、影视、虚拟旅游等娱乐领域，通过创造丰富的虚拟场景和角色，为用户提供身临其境的游戏和娱乐体验。教育性 VR 则应用于教育和培训领域，通过模拟实际场景和操作，为学生提供更加直观、生动的学习体验。医疗保健 VR 则应用于医学诊断、康复治疗等领域，通过虚拟现实技术帮助医生进行手术模拟、病例演示等，提高医疗效率和治疗效果。工业制造 VR 主要应用于工程设计、产品展示、装配培训等领域，通过虚拟现实技术帮助工程师进行产品设计、模拟装配等，提高工程效率和质量。

根据虚拟实境的技术实现方式，可以将其分为基于计算机图形学的离线渲染 VR 和基于实时渲染的交互式 VR 两种类型。离线渲染 VR 主要通过事先生成的虚拟场景和图像，以视频形式呈现给用户，适用于高仿真度的虚拟场景和电影级别的视觉效果，而交互式 VR 采用实时渲染技术，根据用户的实时操作和输入，动态生成虚拟场景和图像，使用户可以在虚拟环境中自由移动和交互。

根据虚拟实境的设备形式和使用方式，可以将其分为头戴式 VR、手持式 VR、全景式 VR 等多种类型。头戴式 VR 是最常见的一种形式，用户通过佩戴头戴显示器等设备，进入虚拟环境进行体验；手持式 VR 通过智能手机、平板电脑等手持设备实现虚拟现实体验，用户可以通过屏幕观看虚拟场景，也可以通过传感器和摄像头进行交互；全景式 VR 则采用多摄像头、全景相机等设备捕捉现实世界的全景图像，将用户带入全景的虚拟环境中，提供更加真实的体验。

（二）虚拟实境的技术基础

1. 虚拟实境的技术原理

虚拟实境技术是一种能够创造出仿真的三维环境，使用户能够身临其境地沉浸式体验的技术。虚拟实境的实现涉及多个技术原理，包括感知技术、图形渲染技术、交互技术等。

虚拟实境技术的实现离不开感知技术。感知技术是指通过各种传感器捕捉用户的动作、位置、姿态等信息，并将这些信息反馈给计算机系统，以实现虚拟环境与用户的互动。常用的感知技术包括头盔式显示器中的陀螺仪、加速度计、激光跟踪器等，它们能够准确地感知用户的头部运动和身体姿态，并将这些信息传输给计算机系统，以调整虚拟环境的呈现。

图形渲染技术是实现虚拟实境的关键技术之一。图形渲染技术能够将计算机中存储的虚拟环境数据转化为图像，并将其显示在头盔式显示器中，给用户带来逼真的视觉体验。在虚拟实境中，图形渲染技术需要实现实时渲染、逼真的光影效果、高分辨率的图像等，以确保用户能够获得流畅、逼真的虚拟环境体验。

交互技术也是虚拟实境技术的重要组成部分。交互技术能够让用户与虚拟环境进行实时交互，增强用户的沉浸感和参与感。常用的交互技术包括手柄、手势识别、声音识别等，它们能够捕捉到用户的动作和声音，并将其转化为计算机可识别的指令，从而让用户能够在虚拟环境中进行各种操作和互动。

虚拟实境技术的实现还涉及计算机图形学、人机交互、传感器技术等多个学科领域的知识。计算机图形学主要研究如何利用计算机来生成和处理图像；人机交互研究如何设计用户友好的交互界面和交互方式；传感器技术则研究如何设计高精度、高灵敏度的传感器来感知用户的动作和环境的变化。

2. 虚拟实境的主要技术手段与工具

虚拟实境的图形渲染技术是其技术基础之一。图形渲染技术通过计算机图形学的相关算法和方法，将虚拟环境中的三维模型、纹理、光照等信息转换为图像，以呈现给用户。这些图像需要具有高分辨率、逼真度和流畅度，以确保用户在虚拟环境中获得良好的视觉体验。图形渲染技术包括了光栅化渲染、光线追踪、体积渲染等多种方法，它们的综合应用可以实现各种不同风格和效果的虚拟环境。

虚拟实境的头戴式显示器是其技术基础之一。头戴式显示器通常由高分辨率的液晶屏、透镜、传感器等组成，可以将计算机生成的虚拟图像实时显示给用户，使用户可以身临其境地体验虚拟环境。同时，头戴式显示器还可以通过头部追踪技术实现用户的头部姿态和运动的实时跟踪，从而让用户在虚拟环境中自由移动和交互。

虚拟实境的交互设备是其技术基础之一。交互设备主要包括手柄、手套、体感器等，可以实现用户在虚拟环境中的实时交互。用户可以通过这些交互设备进行手势控制、触摸操作、体感互动等，与虚拟环境中的物体和场景进行互动，增强用户在虚拟环境中的沉浸感和参与感。同时，交互设备还可以通过力反馈技术模拟物体的触感和重力感，提高用户的沉浸感和真实感。

虚拟实境的虚拟声音技术是其技术基础之一。虚拟声音技术通过模拟声音的传播和反射规律，为用户在虚拟环境中提供逼真的声音体验。这包括了声音的定位、立体声效果、环境音效等，使用户可以根据声音来感知虚拟环境中的方向、距离和空间结构，增强其在虚拟环境中的沉浸感和真实感。

虚拟实境的运动捕捉技术是其技术基础之一。运动捕捉技术通过使用传感器和摄像头等设备，实时捕捉用户的身体动作和姿态，将其转换为虚拟环境中的角色动作，从而实现用户与虚拟环境的身体交互。这种技术可以通过全身运动捕捉系统、手部运动捕捉系统等实现，为用户提供更加直观、自然的虚拟体验。

虚拟实境的内容制作工具和开发平台是其技术基础之一。内容制作工具和开发平台可以帮助开发者创建和编辑虚拟环境中的模型、纹理、动画等内容，并将其整合到虚拟实境系统中进行展示和应用。

二、虚拟实境在研究性学习中的应用与意义

（一）虚拟实境与实践性学习的结合

虚拟实境作为一种创新的技术手段，在教育领域的实践性学习中展现出了巨大的潜力。通过将虚拟环境与实践性学习相结合，可以为学生提供更加生动、具体、沉浸的学习体验，促进了知识的深入理解和技能的实践应用。在这种结合中，虚拟实境技术不仅可以作为一种学习工具，还可以扮演教学内容的呈现方式、学习过程的引导手段以及评价效果的依据，从而推动实践性学习的发展和创新。

虚拟实境为实践性学习提供了更加丰富、真实的学习环境。传统的实践性学习往往受到现实环境的限制，难以提供多样化、复杂化的学习场景。而虚拟实境技术可以模拟出各种真实或虚构的场景，如历史事件、科学实验、工程项目等，为学生提供更加直观、身临其境的学习体验。通过在虚拟环境中进行实践性学习，学生可以在模拟的情境中自由探索、实践操作，加深对知识和技能的理解。

虚拟实境可以提供更加安全、可控的学习环境。在某些实践性学习领域，存在一定的安全风险或成本高昂的问题，如化学实验、手术操作等，而通过虚拟实境技术，学生可以在虚拟环境中进行模拟实验或操作，避免了现实环境中可能存在的安全隐患，降低了学习成本和风险。同时，虚拟实境还可以提供实时的反馈和指导，帮助学生及时纠正错误、改进方法，提高学习效率和成果。

虚拟实境可以增强学生的参与度和主动性。传统的实践性学习往往受到设备、场地等方面的限制，学生参与度不高，难以保持持续的兴趣和动力，而通过虚拟实境技术，学生可以在虚拟环境中自主选择、探索和实践，根据自己的兴趣和需求进行学习，增强了学习的自主性和积极性。同时，虚拟实境还可以提供多样化的学习内容和方式，满足不同学生的学习需求和个性化发展，促进学生的全面发展和个性成长。

虚拟实境可以促进学生之间的合作与交流。在虚拟环境中，学生可以通过网络或同一虚拟环境内的角色进行沟通和合作，共同完成任务和解决问题。这种合作与交流不受时间和空间的限制，可以促进学生之间的相互理解和信任，提高团队合作和协作能力。同时，虚拟实境还可以记录学生在学习过程中的行为和表现，为教师提供更加全面、客观的评价依据，促进教学质量的提升和学生综合素质的培养。

（二）虚拟实境与研究性学习的关系

虚拟实境技术为研究性学习提供了丰富多样的学习场景和资源。传统的教学方式往往受到时间、空间和资源的限制，学生很难亲身体验一些复杂、危险或者昂贵的实践环境，而虚拟实境技术可以通过模拟现实场景，为学生提供更加真实、直观的学习体验。例如，学生可以通过虚拟实境技术在历史场景中游览、在化学实验室中进行实验、在自然环境中观察生态系统等，从而激发他们的学习兴趣和学习动力。

1. 虚拟实境与研究性学习的共性

虚拟实境和研究性学习在本质上有着许多共性，二者都注重提供一种深度参与和探索的学习体验，促进学习者的主动思考、实践探索和自主学习。虚拟实境技术以其沉浸式的特点，为学习者提供了更加生动、具体、体验式的学习环境，而研究性学习则注重于学习者通过自主设计和开展研究项目，深入探索问题的本质和解决方法。下面将从多个角度探讨虚拟实境与研究性学习的共性。

虚拟实境和研究性学习都注重于学习者的参与和主动性。在虚拟实境中，学习者可以通过自由探索、实践操作来积极参与学习过程，而在研究性学习中，学习者则通过自主选择研究主题、制定研究方案、开展实践探索等方式主动参与学习活动。这种参与和主动性可以激发学习者的学习兴趣和动力，提高学习效果和成绩。

虚拟实境和研究性学习都强调学习的实践性和探索性。在虚拟实境中，学习者可以在模拟的虚拟环境中进行实践操作、体验场景，从而深入理解知识和技能，而在研究性学习中，学习者则通过自主设计和开展研究项目，探索问题的本质和解决方法，从而提高解决问题能力和创新能力。这种实践性和探索性的学习方式有助于学习者将理论知识与实际问题相结合，以培养综合素质和创新能力。

虚拟实境和研究性学习都注重于学习的个性化和自主化。在虚拟实境中，学习者可以根据自己的兴趣和需求选择学习内容和学习路径，自主控制学习进度和方向，而在研究性学习中，学习者则可以根据自己的研究兴趣和目标选择研究主题和方法，自主设计和开展研究项目。这种个性化和自主化的学习方式有助于满足学习者的多样化需求和发展，提高学习的有效性和质量。

虚拟实境和研究性学习都注重于学习的合作与交流。在虚拟实境中，学习者可以通过网络或同一虚拟环境内的角色进行沟通和合作，共同完成任务和解决问题，而在研究性学习中，学习者则可以与导师、同学或其他研究者进行合作和交流，共同探讨问题、分享经验、提出建议。这种合作与交流有助于拓宽学习者的视野和思维方式，促进知识的共享和交流，提高学习效果和成绩。

2. 虚拟实境促进研究性学习

虚拟实境技术可以模拟真实场景，为学生提供沉浸式的学习体验。通过虚拟实境技术，学生可以身临其境地参与虚拟环境，感受其中的视觉、听觉、触觉等感官体验。例如，学生可以通过虚拟实境技术在历史场景中游览、在化学实验室中进行实验、在自然环境中观察生态系统等，从而增强其学习的真实感和参与感。

虚拟实境技术可以激发学生的好奇心和探索欲望，促进其主动参与研究性学习。在虚拟实境中，学生可以根据自己的兴趣和需求选择学习内容和学习方式，自主探索和发现知识。例如，学生可以在虚拟实境中探索不同的历史事件、观察不同的地理景观、参与不同的科学实验等，从而培养其自主学习能力和解决问题能力。

虚拟实境技术可以提供个性化和定制化的学习体验，满足不同学生的学习需求和学习风格。在虚拟实境中，教师可以根据学生的个性和能力设定不同的学习任务和路径，为他们提供个性化的学习体验。例如，教师可以根据学生的学习水平和兴趣定制虚拟实境中的学习任务和活动，让每个学生都能够找到最适合自己的学习方式和学习内容。

虚拟实境技术可以促进学生之间的合作和交流，培养其团队合作和沟通能力。在虚拟实境中，学生可以与同伴一起探索和解决问题，共同完成学习任务和项目。通过合作与交流，学生可以相互借鉴、相互学习，提高彼此的学习效果和学习成果。这种合作与交流的过程不仅能够促进学生之间的友谊和团队精神，还能够培养其合作能力和领导能力，为其未来的发展奠定良好的基础。

第五节　人工智能与智能辅助学习

一、人工智能技术在研究性学习中的基本应用

（一）智能教学系统

人工智能技术可以通过个性化推荐系统为学生提供更加贴合其兴趣和能力水平的学习资源。基于学生的学习历史和行为数据，智能系统能够分析学生的学习偏好和弱点，为其推荐合适的学习材料、课程内容以及学习路径，从而提高学习效率。

人工智能技术在研究性学习中可以通过智能辅导系统提供个性化的学习指导。这些系统可以根据学生的学习进度和理解情况，及时给予反馈和建议，帮助学生解决学习中的困惑和问题，提升其学习成果。例如，智能辅导系统可以根据学生的答题情况智能调整题目难度，保持学习的挑战性和趣味性。

人工智能技术可以通过虚拟实验平台为学生提供更加直观和生动的学习体验。传统的实验教学往往受到实验条件和设备的限制，而虚拟实验平台则可以模拟各种实验场景，让学生在虚拟环境中进行实验操作和观察，从而更好地理解抽象的科学原理和现象。

人工智能技术还可以通过智能评估系统对学生的学习成果进行及时和准确的评估。传统的考试评估往往只能评价学生的表面知识掌握程度，而智能评估系统可以结合学生

的学习过程和表现数据，全面分析学生的学习情况，为教师和学生提供个性化的反馈和改进建议。

（二）个性化学习推荐系统

人工智能技术在研究性学习中的基本应用之一是个性化学习推荐系统。这一系统利用先进的算法和数据分析技术，根据学生的个性化需求和学习情况，为其提供定制化的学习资源和建议。个性化学习推荐系统的实现依赖于对学生学习数据的收集、分析和处理，以及对学习资源的智能匹配和推荐。

个性化学习推荐系统通过对学生的学习历史、行为和偏好进行数据分析，建立学生的学习模型。这些模型包括学生的兴趣领域、学习风格、知识水平等方面的特征，可以帮助系统更好地理解每个学生的学习需求。

个性化学习推荐系统根据学生的学习模型和当前的学习任务，智能匹配和推荐适合的学习资源。这些资源包括课程视频、教材文献、在线练习题等，系统会根据学生的个性化需求和学习目标，选择最合适的学习资源供其使用。

个性化学习推荐系统可以根据学生的学习进度和反馈，动态调整推荐内容。系统会根据学生的学习表现和反馈信息，不断优化推荐算法，提高推荐的准确性和效果。

个性化学习推荐系统还可以为学生提供个性化的学习路径和学习计划。系统会根据学生的学习目标和能力水平，智能设计学习路径，帮助学生合理安排学习时间和任务，提高学习效率。

二、智能辅助学习系统在研究性学习中的应用

（一）在线学习平台的智能辅助功能

在线学习平台的智能辅助功能以及智能辅助学习系统在研究性学习中的应用是教育技术领域的重要话题。智能辅助功能通过结合人工智能和教育技术，为学习者提供个性化、定制化的学习支持，从而提高学习效率和成果。在研究性学习中，智能辅助学习系统可以发挥重要作用，帮助学习者更好地开展研究项目、获取学习资源、分析数据结果等，促进学习者的科研能力和创新能力的培养。下面将分别就在线学习平台的智能辅助功能和智能辅助学习系统在研究性学习中的应用展开讨论。

在线学习平台的智能辅助功能在提供学习资源方面发挥着重要作用。通过分析学习者的学习需求和兴趣，智能辅助功能可以推荐个性化的学习资源，如视频教程、电子图书、学术论文等，为学习者提供多样化、优质化的学习材料。这种个性化的学习资源推荐可以帮助学习者更快地找到适合自己的学习内容，提高学习的效率和成果。

智能辅助功能可以在学习过程中提供智能化的学习支持。通过分析学习者的学习行为和学习进度，智能辅助功能可以为学习者提供个性化的学习建议和反馈，指导学习者

进行学习计划的制定和调整。例如，可以根据学习者的学习表现提供实时的学习建议，帮助学习者克服学习难点，及时调整学习策略，提高学习效果和成绩。

智能辅助功能可以在学习评估方面发挥重要作用。通过分析学习者的学习行为和学习成绩，智能辅助功能可以为教师提供个性化的学习评估报告，帮助教师更好地了解学生的学习情况和学习需求，调整教学策略和教学内容。这种个性化的学习评估报告可以帮助教师更好地进行教学管理和学生指导，提高教学效果和学生满意度。

智能辅助学习系统在研究性学习中的应用具有重要意义。研究性学习强调学习者通过自主设计和开展研究项目探索问题的本质和解决方法，从而培养解决问题的能力和创新能力。智能辅助学习系统可以为学习者提供个性化的研究项目建议和支持，帮助学习者选择合适的研究主题和方法，制定科学的研究方案。这种个性化的研究项目建议和支持可以帮助学习者更好地开展研究项目，提高科研能力和创新能力。

智能辅助学习系统可以在学习资源获取和数据分析方面发挥重要作用。通过分析学习者的研究需求和兴趣，智能辅助学习系统可以为学习者推荐相关的学习资源和数据集，帮助学习者获取所需的研究材料和数据来源。同时，智能辅助学习系统还可以提供智能化的数据分析工具和方法，帮助学习者分析研究数据，发现数据之间的关联和趋势，从而深入探索问题的本质和解决方法。

（二）语言学习辅助系统的设计与实现

语言学习辅助系统是一种利用计算机技术辅助语言学习的工具，其设计与实现需要考虑到学习者的需求和学习目标，结合最新的人工智能技术，以提供个性化、高效率的学习体验。智能辅助学习系统在研究性学习中的应用尤为重要，它可以根据学生的兴趣、水平和学习历程，提供个性化的学习路径和资源，从而激发学生的学习兴趣和主动性，促进其进行深度学习和研究性学习。

智能辅助学习系统可以根据学生的学习需求和兴趣，提供个性化的学习路径和资源。通过分析学生的学习行为和学习偏好，系统可以推荐适合学生的学习内容和学习方式，从而增强学生的学习动机和学习效果。例如，对于喜欢阅读的学生，系统可以推荐相关的阅读材料和练习题；对于喜欢听力练习的学生，系统可以推荐相关的听力训练资源和技巧。

智能辅助学习系统可以提供多样化的学习资源和活动，丰富学生的学习体验。除了传统的课本和练习题外，系统可以整合多媒体资源，如音频、视频、图片等，为学生提供更加直观、生动的学习内容。同时，系统还可以设计各种互动活动，如在线讨论、小组合作、角色扮演等，促进学生之间的交流与合作，拓宽其学习视野和思维方式。

智能辅助学习系统可以根据学生的学习进度和水平，动态调整学习内容和难度，提供个性化的学习支持。通过分析学生的学习数据和表现，系统可以识别学生的弱点和瓶颈，并针对性地提供帮助和指导。例如，对于理解困难的学生，系统可以提供详细的解释和示范；对于学习速度较快的学生，系统可以提供更加具有挑战性的任务和活动，以促进其深度学习和研究性学习。

智能辅助学习系统可以为教师提供实时的学生数据和反馈，帮助其及时调整教学策略和课程设计。通过分析学生的学习情况和表现，系统可以为教师提供有针对性的意见和建议，帮助其优化教学过程和提高教学效果。同时，系统还可以为教师提供丰富多样的教学资源和工具，支持其开展研究性学习和创新教学实践。

参考文献

[1] 骆凯,张瑞,耿梦婷,等.基于"金课"建设的种子学课程研究性教学改革探究[J].安徽农学通报,2024,30(8):133-137.

[2] 张钊,杨瑜,杨艳东,等.基于探究性学习的公共管理专业人才培养目标达成路径探索与实践[J].职业技术,2024,23(5):16-22.

[3] 朱利霞,常云霞.创新教育背景下生态学课程研究性学习模式构建探索[J].安徽农学通报,2024,30(7):118-120.

[4] 王伟松.理解性学习视角下的小学中高年级数学概念教学[J].亚太教育,2024(6):17-19.

[5] 陈韫春.中小学综合实践活动课程的进阶之径[J].教育理论与实践,2024,44(11):45-48.

[6] 夏平,唐庭龙,杨朋朋.融入课程思政理念的小波分析课程研究性学习育人模式探索[J].大学教育,2023(20):98-101+113.

[7] 杨美荣,罗仙泗.研究性学习在高中音乐鉴赏"探索交流"领域应用初探[J].当代音乐,2023(9):37-39.

[8] 王卓,赵慧君,梁宝岩.面向材料科学与工程专业的研究性教学探索[J].河南化工,2024,41(1):68-70.

[9] 苏宇.基于研究性学习环境的图书馆学科化服务与资源建设策略探析[J].大学,2023(28):37-40.

[10] 李翠霞.应用型人才培养的审计教学改革:基于研究性学习与案例教学的契合视角[J].中国乡镇企业会计,2023(12):177-179.

[11] 欧巧云,秦若玉.共生理论视域下高校思想政治理论课研究性教学探究[J].湖南邮电职业技术学院学报,2023,22(4):60-64.

[12] 常向丰.研究性学习在高职院校羽毛球选项教学中的实验研究:以晋城职业技术学院为例[J].晋城职业技术学院学报,2023,16(5):46-50.

[13] 汪永鑫.基于地理实践力的高中地理研究性学习主题活动设计[J].教师教育论坛,2023,36(12):69-71.

[14] 林旭旭,吴建平,王梦丹.研究性学习在"概率论与数理统计"课堂中的探索与实施:以事件的独立性为例[J].科技风,2023(34):70-72.

[15] 刘红丽. 大学英语研究性教学模式探索 [J]. 现代英语, 2023（21）: 17-20.

[16] 帅韬. 核心素养视域下的高中音乐研究性学习实施策略 [J]. 中国民族博览, 2023（20）: 145-147.

[17] 王曦. 通过研究性学习开展生态文明教育的实践研究 [J]. 环境教育, 2023（10）: 72-74.